Ursula Hellwig

Tagebuch eines Welpen

Copyright © Ursula Hellwig 2000
Umschlaggestaltung : Martin
Printed in Germany
Eigen-Verlag
ISBN: 3-8311-0279-1

Inhalt

Vorwort 7
Einleitung 9
Der erste Tag 11
Der zweite Tag 17
Der dritte Tag 21
Der vierte Tag 24
Der fünfte Tag 28
Der sechste Tag 32
Der zehnte Tag 36
Der zwölfte Tag 41
Der sechzehnte Tag 45
Der zwanzigste Tag 50
Der dreiundzwanzigste Tag 54
Der fünfundzwanzigste Tag 59
Der siebenundzwanzigste Tag 63
Die fünfte Woche 66
Die sechste Woche 72
Der vierte Monat 78
Der fünfte Monat 82
Der sechste Monat 87
Der siebte Monat 92
Der achte Monat 96
Der neunte Monat 101
Der zehnte Monat 105
Der elfte Monat 110
Der zwölfte Monat 115

Vorwort

Der junge Hund, der gleich die Geschichte seines ersten Lebensjahres erzählen wird, ist mein Hund. Bevor er beginnt und mir keine Gelegenheit mehr zu Zwischenbemerkungen gibt, möchte ich gerne hier kurz zu Wort kommen.

So mancher Leser, der selbst schon einen Welpen aufgezogen hat, wird wahrscheinlich an jene Zeit erinnert und einige Streiche von seinem eigenen Vierbeiner kennen.

Wer noch nie einen Welpen im Haus hatte, wird vielleicht denken, daß es sinnvoller ist, die Finger von einem jungen Hund zu lassen und den Gedanken, sich eventuell einmal einen Vierbeiner anzuschaffen, lieber zu verwerfen. Doch dafür gibt es überhaupt keinen Grund. Zugegeben, Welpen kosten eine Menge Zeit und stellen gewisse Anforderungen an unsere Geduld. Aber es macht einfach Freude, mit ihnen umzugehen, sie mit Liebe und Konsequenz zu erziehen und jeden Tag mit ihnen gemeinsam zu verbringen. Einen jungen Hund aufwachsen zu sehen und von ihm geliebt zu werden, sind zwei der schönsten Erfahrungen überhaupt. Jeder Tag bringt neue Freude, nicht nur für den Hund, sondern auch für den Besitzer. Wie ein Welpe diese Welt sieht, was er von uns Menschen erwartet, mit welch wundervollen und manchmal auch rätselhaften Dingen er konfrontiert wird und wie er seine Alltagsprobleme löst, das soll mein Hund nun persönlich erzählen, beginnend an jenem eiskalten Dezembertag, an dem er zu uns ins Haus kam und unser neues Familienmitglied wurde.

***

Einleitung

Das Leben eines jungen Hundes ist gar nicht so einfach. Manchmal habe ich den Eindruck, daß die Welt hauptsächlich aus Verboten besteht. Dabei sind natürlich immer gerade die Dinge nicht erlaubt, die am meisten Freude machen.

Zunächst will ich mich einmal vorstellen. Mein Name ist Conny. Geboren bin ich in einem kleinen Ort am Teutoburger Wald. Mein Geburtshaus ist ein alter Bauernhof. Dort leben auch meine Eltern Rieke und Enno. Ich bin das, was man einen Edelblutverschnitt nennt. Mein Vater Enno besteht zu fünfzig Prozent aus Schäferhund, die anderen fünfzig stammen von einem Labrador.

Meine Mutter Rieke ist das Kind einer Bracke. Ihr Papa ist leider nicht bekannt, muß aber auch irgendwo in Jagdhundkreisen zu suchen sein.

Die ersten sieben Wochen meines Lebens verbrachte ich bei meiner Mutter und meinen Geschwistern Sheila und Spike in der herrlichen großen Scheune, in der uns zwei Pferde Gesellschaft leisteten. Geschlafen und gespielt haben wir im Stroh. Es ist ein wunderbares Dasein gewesen. An jedem Wochenende kamen drei Leute zu Besuch, zwei Erwachsene und ein neun Jahre alter Junge. Die haben viel mit mir gespielt und stets ein paar Leckereien mitgebracht. Ich freute mich jedesmal wenn sie kamen und kannte sie inzwischen schon recht gut. Schließlich war der Tag gekommen, der mein Leben von Grund auf änderte. Die drei Leute setzten mich nämlich in ihr Auto und fuhren mich weg von meinem Bauernhof, von meiner Mutter und von meinen Geschwistern. Sie brachten mich in ein anderes Haus an einem fremden Ort. Genau an diesem Tag soll mein Tagebuch beginnen, das sich sicher nicht viel von den Erfahrungen unterscheidet, die andere Welpen gemacht haben.

***

Der erste Tag

Ein bißchen seltsam hat dieser Tag begonnen. Die drei Leute, die mich in meinem bisherigen Leben an jedem Wochenende besucht haben und zwei Tage bei mir geblieben sind, haben mir heute morgen ein gelbes Ledergeschirr angezogen und mich auf die Rückbank ihres Autos gesetzt. Ich weiß jetzt schon, daß sie Namen haben. Die beiden Großen heißen Uschi und Stefan und der Kleine wird Martin genannt. Aber ich hatte absolut keine Ahnung, was ich mit diesem dummen Ledergeschirr in ihrem Auto sollte. „Wir fahren jetzt nach Hause", haben sie mir erklärt und ganz feierliche Gesichter dabei gemacht. Dann sind sie losgefahren.

Martin saß neben mir und hat mich gestreichelt. Das war schön. Weniger schön fand ich die Schaukelei. In meinem Magen spürte ich bereits nach kurzer Zeit ein komisches Gefühl, wie ich es noch nicht kannte. Es ist kein schönes Gefühl gewesen, und ich fragte mich, wie ich es loswerden könnte. Nach vierzig Kilometern fand ich die ideale Lösung und befreite mich einfach von meinem Frühstück. Ein kurzer Rülpser, und schon war alles draußen. Meine drei Leute haben mich mitleidig betrachtet, eine Pause eingelegt und sind mit mir ein Stückchen durch den Wald spaziert. Danach ging es mir besser. Das komische Gefühl in meinem Magen war verschwunden, und wir fuhren weiter.

Nach langer Zeit erreichten wir ein kleines Haus. Gemessen an meinem Bauernhof war es geradezu winzig. Sollte das vielleicht mein neues Zuhause sein? Dann mußte ich es mir unbedingt sofort ansehen. Die zahlreichen Sträucher im Vorgarten interessierten mich wenig. Ich lief direkt zur Haustür.

Nachdem Uschi sie geöffnet hatte, strömte mir wohlige Wärme entgegen. Ich rannte unverzüglich in das große Wohnzimmer und entdeckte auch gleich einen dicken kleinen Wollteppich, der mitten im Raum auf dem braunen Teppichboden lag. Lustige Fransen waren daran, so richtig zum Abnagen. Natürlich ging ich direkt ans Werk. Bestimmt würden Uschi, Stefan und Martin gleich kommen und mit mir gemeinsam am Teppich kauen, dachte ich. Da hatte ich mich allerdings schwer getäuscht. Sie kamen herein, machten unfreundliche Gesichter, rollten den schönen Teppich ein und sperrten ihn in einem Schrank ein. Das habe ich nicht verstanden. Der Teppich hatte doch gar nichts Böses angestellt. Warum wurde er dann eingesperrt? Oder sollte ich vielleicht nicht an den Fransen kauen dürfen?

Hinter dem Haus zeigte Martin mir einen Garten mit Bäumen, Sträuchern und einer Wiese. Ich habe von jedem Strauch probiert und die Zweige angeknabbert. Das schien wohl nicht verboten zu sein. Jedenfalls kam niemand auf die Idee, die Sträucher auch aufzurollen und in einen Schrank zu sperren.

Später entdeckte ich in der Diele ein Paar Schuhe. Sie rochen herrlich nach Leder. Da mußte ich einfach reinbeißen. Ich prüfte die Innensohle, ob sie auch richtig fest ist und zog die Schnürriemen heraus. Lange konnte ich mich nicht mit dem neuen Spielzeug beschäftigen. Uschi kam und nahm es mir weg. Ich überlegte, ob sie wohl neidisch war, weil sie keinen Schuh zum Spielen hatte. Deswegen hätte sie nun wirklich nicht böse werden müssen. Ich hätte sie doch gerne mitspielen lassen.

Es dauerte nicht lange, bis Uschi mir einen anderen Schuh schenkte. Er war von Martin. Das konnte ich ganz deutlich riechen. Damit durfte ich spielen. Natürlich war ich begeistert. Ein richtiger Lederschuh für mich ganz allein. Das war schon eine feine Sache. Er blieb nicht das einzige Geschenk, das meine drei Leute mir machten. Ich bekam noch ein Tuch zum Zerren, einen Kauknochen und eine wunderschöne Papprolle. Das schönste Geschenk war jedoch ein Korb in dem ein blaues weiches Kissen lag. Den stellte Uschi neben ihr Bett, und ich konnte herrlich darin schlafen, als wir uns alle zur Nachtruhe zurückzogen. Leider schlief mein neues Rudel nicht mit mir zusammen in dem Korb. Aber Uschi ließ eine Hand aus dem Bett hängen und legte sie auf mein Fell. So fühlte ich mich sicher und geborgen. Der Geruch dieser Hand war mir seit meiner Geburt vertraut.

Als ich aufwachte, war es finster um mich herum. Ich wußte gar nicht genau, wo ich eigentlich war und fing an zu weinen. Da wurde es plötzlich hell, und ich entdeckte Uschis Gesicht über mir. "Was ist denn los?", fragte sie. „Mußt du vielleicht einmal raus? Warte, ich gehe mit dir in den Garten."

Das tat sie dann auch. Allerdings konnte ich mir nicht so recht erklären, was ich da draußen im Garten sollte. Es war kalt. Da ich gerade dringend einmal mußte, setzte ich einen Bach in die Wiese. Uschi war außer sich vor Freude, obwohl sie genauso fror wie ich. Das begriff ich nicht. Diese zweibeinigen Hunde, die sich Menschen nennen, sind manchmal wirklich seltsam. Jedenfalls war ich richtig glücklich, als ich endlich wieder in meinem warmen Korb lag und weiterschlafen konnte.

„Gute Nacht, kleine Conny", sagte Uschi leise und strich mit der Hand über mein Fell. Einen Augenblick lang überlegte ich noch, wen sie mit Conny gemeint haben könnte. Ich kannte niemanden mit diesem Namen. Nur Stefan, Uschi und ich waren in diesem Zimmer. Eine Conny hatte ich nirgends entdecken können. Im Moment war ich jedoch zu müde, um weitere Überlegungen anzustellen und schlief rasch ein.

***

Der zweite Tag

Das Haus, in dem ich jetzt wohne, ist nicht sehr groß. Trotzdem gab es heute eine Menge zu entdecken. Nachdem ich aufgewacht war, erspähte ich im Schlafzimmer einen anderen Hund und wollte auch gleich mit ihm spielen. Freundlich wedelte ich ihn an. Er wedelte auch, kam aber erst näher, als ich ein paar Schritte auf ihn zuging.

Komisch, er tat immer das, was ich auch gerade tat. Uschi lachte. „Mit diesem Hund kannst du nicht spielen", sagte sie. „Das ist nämlich gar kein richtiger Hund. Du siehst dich in den Spiegeltüren des Schrankes. Der kleine Hund, den du da entdeckt hast, bist du selbst."

Ich habe nicht verstanden, was Uschi damit meinte und suchte weiter nach meinem Artgenossen. Martin öffnete die Schranktür. Dahinter war nur Wäsche zu sehen, kein Hund. Trotzdem mußte er irgendwo da drin sein. Da war ich ganz sicher. Ich habe ihn doch mit eigenen Augen deutlich erkannt. Nach zehn Minuten habe ich die Suche zunächst aufgegeben. Irgendwann würde der kleine Hund von allein herauskommen. Er konnte ja nicht ewig im Schrank bleiben.

Nach dem Frühstück, das ich in der Küche bekam, schaute ich mir die einzelnen Räume im Haus an. In Martins Zimmer stand ein großer Käfig mit einem Holzhaus darin. Das allein war schon interessant. Aber noch interessanter waren die beiden Meerschweinchen, die dort herumhüpften. Nur kam ich leider nicht an sie heran. Die blöden Gitterstäbe hinderten mich daran. Also, die Erfindung von Käfigen ist keine gute Sache gewesen. Aufmerksam betrachtete ich die Tiere. Dann, als sie ganz nahe am Gitter waren, bellte ich sie an. Mit einem raschen Satz verschwanden sie im Haus. Das war sehr lustig. Uschi schien nicht meiner Meinung zu sein. Sie schimpfte ein bißchen mit mir. Damit hatte ich schon wieder etwas gelernt. Meerschweinchen anbellen ist verboten. Aber Uschi ist ja nicht immer dabei. Wenn sie einmal nicht im Zimmer ist, gehe ich wieder zum Käfig, setze mich davor, verhalte mich ganz still, warte bis die beiden Tiere dicht bei mir sind und dann...!

Tagsüber fuhren wir wieder mit dem Auto. Diesmal spuckte ich mein Frühstück nicht wieder aus. Es war sogar ganz lustig. Wenn ich ganz hinten auf die Ablage steige, kann ich gut aus dem Fenster sehen und die Leute beobachten. Ich mag übrigens alle Leute. Die meisten sind nett zu mir und spielen mit mir. Besonders die Kinder sind freundlich. Ich habe heute die Nachbarn kennengelernt. Sie sind prima und haben mir sogar ein Stückchen Fleisch gegeben. Ach, die Welt ist überhaupt herrlich, trotz der vielen Verbote, die es zu beachten gibt.

Heute nachmittag habe ich mir auf dem Wohnzimmerteppich eine hübsche Stelle ausgesucht, an der ich mein Geschäft verrichten konnte. Dort war der Teppich besonders weich. Anschließend betrachtete ich mein Werk und war begeistert. Uschi, die gerade hereinkam, konnte sich meiner Meinung nicht anschließen. Sie brachte mich sogar in den Garten und ließ mich dort allein. Was sollte ich nur allein da draußen? Durch die große Scheibe in der Terrassentür sah ich, wie

Uschi sich drinnen an meiner Pfütze zu schaffen machte. Sie hatte eine Bürste und einen Wassereimer bei sich. Mit der Bürste spielte sie und zerrte sie mit der Hand immer wieder über die Pfütze. Ich fand es gemein, daß Uschi mich ausgesperrt hatte und mich nicht mitspielen ließ. Die Bürste gefiel mir nämlich gut. Ich hätte prima daran zupfen können. Statt dessen mußte ich im kalten Garten sitzen. Das soll nun einer begreifen.

Als der Tag zu Ende ging, war ich unbeschreiblich müde. Mein neues Zuhause ist ziemlich anstrengend. Soviel Neues gibt es dort zu entdecken, und alles muß genau untersucht werden. Ich war froh, als Uschi mich hinauf in meinen Korb trug.

***

Der dritte Tag

Ich bin ein kluger Hund! Ja, ich bin wirklich stolz auf mich. Jetzt weiß ich nämlich endlich, wer diese Conny ist. Ich bin damit gemeint. Es ist mein Name. Diese Erkenntnis ist an einem so schönen Tag wie heute ein großer Erfolg gewesen.

Morgens sind wir zu einem großen Haus gefahren, das die Menschen Schule nennen. Da sind viele Kinder gewesen. Alle haben mich begrüßt und mit mir gespielt. Kinder sind eine feine Erfindung. Leider blieben sie nicht lange bei mir. Auch Martin verabschiedete sich und ging mit den anderen Schülern in das große Haus. Auf der Rückfahrt nach Hause mußte ich allein im Wagen sitzen. Das gefiel mir nicht, und ich habe ein bißchen geweint. Martin hätte mich ruhig mit in die Schule nehmen können. Das hätte mir Spaß gemacht und den Kindern bestimmt auch. Wir hätten noch lange miteinander spielen können.

Nachmittags fuhr Stefan mit uns zu einem lustigen Geschäft. Vorne waren große Glasscheiben. Dahinter entdeckte ich eine Menge Tiere. Meerschweinchen waren auch dabei, aber auch Vögel, Hamster und Mäuse. Martin erklärte mir, daß es ein Zoogeschäft sei. Ich habe keine Ahnung was das bedeutet, aber der Laden gefällt mir. Uschi schaute sich drinnen um und holte verschiedene Sachen aus den Regalen. Keiner schimpfte mit ihr. Das ist seltsam. Wenn ich zu Hause etwas aus einem Regal oder einem Schrank zerre, sind meine Leute böse. Dabei ist das doch dasselbe. Später im Auto durfte ich mir ansehen, was Uschi mitgenommen hatte. Lustige bunte Gummitiere waren dabei. Sie quietschen, wenn ich draufbeiße. Außerdem gab es Kaustreifen aus getrocknetem Pansen. Stefan meinte, daß die stinken. Der hat wirklich keine Ahnung. Die Dinger duften köstlich und schmecken auch gut. Jedenfalls habe ich mich über die vielen Geschenke gefreut und zu Hause lange damit gespielt. Mein Rudel spielte mit mir. Nur einmal schrie Martin auf, als ich aus Versehen mitten im Spiel in seine Hand biß. Menschen haben vielleicht ein dünnes Fell. Sie sind unheimlich empfindlich. Möglicherweise tun sie auch nur so, als würden meine Zähne ihnen wehtun. Das muß ich in der nächsten Zeit noch genauer testen. In der Tat ist ihr Fell seltsam. Es sind gar keine Haare da. Nur bei Stefan konnte ich ein Stückchen richtiges Fell entdecken. Das hat er unter der Nase. Aber er mag es nicht, wenn ich daran zerre. Dabei macht das großen Spaß. Ich glaube, die Menschen müssen erst noch lernen, richtige Hunde zu werden. Ich werde es ihnen mit der Zeit beibringen.

In jedem Fall war heute ein herrlicher Tag, und als Uschi mich, als ich in meinem Korb lag, streichelte und sagte: „Gute Nacht, Conny", wußte ich genau, daß ich damit gemeint bin. Ich bin eben ein kluger Hund.

***

Der vierte Tag

Mein Rudel ist nicht ständig zusammen. Martin geht vormittags in die Schule und kommt erst wieder, wenn es mittags Futter gibt. Stefan ist sogar den ganzen Tag unterwegs. Wahrscheinlich ist er auf der Jagd. Irgendwie muß schließlich das Futter in meine Dosen kommen. Aber Uschi ist immer bei mir. Das heißt, manchmal fährt sie auch mit mir weg. Auf einem Parkplatz neben einem großen Geschäft steigt sie dann aus und läßt mich allein. Zuerst schaue ich ihr nach und weine ein bißchen. Das macht mir aber keinen Spaß. Nach einer Weile rolle ich mich zusammen und schlafe. Meistens kommt Uschi bald zurück.

Zu Hause darf ich dann mit ihr ins Büro gehen und mich dort auf die Couch legen. Das ist schön. Uschi sitzt immer an der Schreibmaschine, und ich liege nicht einmal einen Meter von ihr entfernt, kann dösen oder schlafen.

Heute nachmittag, als Martin wieder zu Hause war, sind wir in einen Wald gegangen. Da gab es eine Menge zu riechen. Es waren auch viele andere Hunde da. Mit einigen konnte ich herrlich spielen. Nur vor den ganz großen Hunden hatte ich Angst. Einer hat mich sogar wütend angeknurrt. Vielleicht wußte er nicht, daß ich noch ein Welpe bin und er mir nichts tun darf. Am liebsten mag ich die gefleckte Jagdhündin aus dem Nachbarhaus. Die ist immer nett zu mir und kommt mich manchmal auch zu Hause besuchen. Dann toben wir zusammen durch das ganze Haus.

Heute abend habe ich eine komische Sache erlebt. Die Couch im Büro hat eine breite Lehne. Darauf balancierte ich herum. Bei meiner Mutter habe ich gesehen, wie sie in der Scheune über Balken an der Decke balanciert ist. Also dachte ich mir, daß ich das auch können muß. Aber es war gar nicht so einfach. Plötzlich bin ich abgerutscht. Es gab ein raschelndes Geräusch, und ich fand mich im Papierkorb wieder. Nach dem ersten Schreck war das sogar ganz lustig. Das Papier knisterte so schön. Ich habe es mit den Zähnen angepackt und in kleine Stücke gerissen. Das war ein schönes Spiel. Sogar Uschi und Stefan fanden es komisch. Trotzdem holten sie mich bald wieder aus dem Papierkorb heraus.

In der Küche stand ein Eimer. Darin fand ich tolle Spielsachen. Ein feuchtes Fensterleder gefiel mir besonders gut. Das nahm ich mit ins Wohnzimmer. Uschi kam leider sofort und nahm es mir weg. Ich lief ihr nach und beobachtete, wie sie das Leder wieder in den Eimer legte. Also holte ich es mir nach ein paar Sekunden wieder. Aber auch diesmal hatte ich kein Glück. Es wurde mir erneut abgenommen. Neunmal wiederholte ich den Versuch. Dann gab ich es schließlich auf, weil Uschi hartnäckig blieb. Sie kann unheimlich stur sein.

Als Ersatz für das Leder nahm ich mir einen Schuh aus der Diele und montierte die Schnürbänder ab. Wieder gab es Ärger mit Uschi. Manchmal ist sie wirklich kleinlich. Wenig später erfand ich ein neues ulkiges Spiel. Ein Zipfel der Tischdecke hing vom Tisch herunter, gerade in Reichweite meiner Milchzähne. Daran zog und zerrte ich. Es störte mich nicht, daß mir dabei ein paar Kleinigkeiten auf den Kopf fielen, die vorher auf dem Tisch gelegen hatten. Aber Uschi fand das wieder einmal nicht gut. Ich frage mich, warum immer ausgerechnet die Spiele verboten sind, die am meisten Freude machen. Nicht einmal die Tapete darf ich von der Wand ziehen. Dabei ist es ein schweres Stück Arbeit, bis ich eine Ecke gelöst habe und endlich ein Stückchen zwischen den Zähnen halte, an dem ich so richtig zerren kann. Mein Rudel schimpft, wenn es mich dabei erwischt. Es ist schön auf dieser Welt. Aber es wäre noch schöner, wenn nicht fast alles verboten wäre.

***

Der fünfte Tag

So langsam begreife ich, daß mein Rudel es nicht mag, wenn ich kleine Haufen auf den Teppich setze. Das soll ich draußen erledigen. Naja, darüber läßt sich reden. Eigentlich ist es draußen viel zu kalt dafür. Aber wenn ich meinem Rudel damit eine Freude mache, kann ich es ja wenigstens manchmal tun.

Heute habe ich wieder etwas Neues herausgefunden. Gegenüber wohnt ein Boxer. Der hat mich schon am ersten Tag begrüßt. Aber ich hatte Angst vor ihm. Der ist nämlich schon ausgewachsen und ein Riesenkerl. Es tut weh, wenn er mit der Pfote auf meinen Rücken patscht. Eigentlich habe ich nichts gegen ihn. Aber er soll mir vorläufig lieber vom Leibe bleiben. Das tut er allerdings nicht. Es ist noch jung, keine zwei Jahre alt und will mit mir spielen. Heute kam er an den Gartenzaun gelaufen, als ich gerade mit meinen Leuten vorbeikam. Zuerst bin ich zu Uschi und Stefan geflüchtet. Dann fiel mit auf, daß der Boxer nicht unter oder über den Zaun langen konnte. Dazu ist der Zaun zu hoch. Also wurde ich etwas mutiger. Vorsichtig ging ich heran. Der große Hund jaulte und wollte mit mir spielen. Dank des Zaunes konnten seine Pfoten mich nicht verletzen. Er war eingesperrt, ich dagegen war frei. Also setzte ich mich hin und kläffte den Hund an. Natürlich war ich nicht böse. Das wußte auch der Boxer. Aber es war herrlich, ihn anbellen zu können und nicht in der Gefahr zu schweben, von ihm getreten zu werden. Wenn ich groß bin, können wir vielleicht richtig miteinander spielen.

Im Garten habe ich mich heute einmal ganz genau umgesehen. Es war gerade niemand bei mir, und ich hatte Langeweile. Aber die blieb nicht lange. Unten, am Zaun zum Nachbargarten, erspähte ich ein breites grünes Plastikband und erinnerte mich daran, daß Stefan dieses Ding Rasenkante genannt hatte. An einer Stelle hatte die Kante ein Loch. Es war gerade groß genug, daß ich meine Schnauze durchstecken konnte. Also packte ich an, rüttelte, zog und zerrte. Es dauerte nicht lange, bis das harte Plastik mit einem krachenden Geräusch nachgab. Von oben bis unten hatte ich es zerteilt. Wenn das kein Erfolg für so einen kleinen Hund ist. Angestachelt durch das positive Ergebnis zerrte ich weiter. Die Rasenkante war mit kleinen Nägeln am Zaun befestigt. Allerdings taugten die nicht viel. Nacheinander sprangen sie heraus. Vier oder fünf Meter hatte ich schon geschafft, als Uschi in den Garten kam. Ich sprang ihr entgegen und zeigte ihr anschließend das Produkt meiner Arbeit. Mit vereinten Kräften würden wir es bestimmt schaffen, die gesamte Rasenkante abzumontieren. Leider hielt Uschi davon nicht viel. Sie sah mich nur traurig an.

„Ach Conny, was hast du denn nun schon wieder angestellt?", fragte sie und verdrehte die Augen. Dann sammelte sie die Kleinteile zusammen, die bei meiner Arbeit hingefallen waren. Ein ganzer Haufen Bruchstücke der Rasenkante landete im Müll. Schade, daß Uschi das hübsche Spiel nicht gefallen hat. Ich fand es sehr lustig.

Im Schlafzimmer habe ich ganz unten am Kleiderschrank drei Schubladen entdeckt, die ich leider nicht allein öffnen kann. Aber Stefan und Uschi machen sie manchmal auf und nehmen sich etwas heraus. Auch heute haben sie das wieder getan. Ich habe schon vorher in der Nähe gelegen und aufgepaßt. Als eine Schublade geöffnet wurde, sprang ich hinzu und griff blitzschnell nach einer Unterhose. Nun mußte ich noch einen Weg finden, an Uschi vorbei zur Tür zu kommen, um mit meiner Errungenschaft zu verschwinden. Also nahm ich die Abkürzung über das Bett. Im allgemeinen pflege ich meine Beute auf dem Sofa im Arbeitszimmer zu zernagen. Das tat ich auch diesmal. Leider dauerte es nur wenige Minuten, bis Uschi kam, mir ein „Conny, aus!" zurief und die schöne Unterhose zwischen meinen Milchreißzähnen herausholte. Sie war vorsichtig dabei, aber unerbittlich. Dann verschwand sie mit dem Wäschestück. Ich blieb traurig zurück und mußte wieder einmal einsehen, daß dieses neue Spiel, wie viele andere, nicht erlaubt war.

***

Der sechste Tag

Manchmal können Menschen ganz schön hinterlistig sein. Ich kann nur alle Welpen warnen. Uschi hat mich heute ins Auto gesetzt und ist mit mir zu einem Haus gefahren, das ich noch nicht kannte. In einem Raum mit vielen Stühlen haben wir Platz genommen. Es roch höchst interessant dort. Überall auf dem Fußboden konnte ich die Witterung von Hunden, Katzen und sogar Meerschweinchen wahrnehmen. Außerdem saß unter einem der Stühle ein leibhaftiger Dackel, der von seiner Besitzerin an der Leine gehalten wurde. Ich hätte gerne mit ihm gespielt, aber er wollte nicht. Seine Besitzerin und Uschi spielten auch nicht miteinander. Aber sie unterhielten sich. Auf diese Weise erfuhr ich, daß wir uns hier im Wartezimmer einer Tierärztin befanden, und daß ich geimpft werden sollte. Natürlich hatte ich keine Ahnung, was eine Tierärztin ist, und was ich unter dem Begriff „Impfen" verstehen sollte, wußte ich ebenfalls nicht.

Nach ein paar Minuten wanderte Uschi mit mir in einen anderen Raum. Dort wurde ich auf einen Tisch gehoben und erfuhr, daß die Frau in dem weißen Kittel eine Tierärztin war. Sie sprach freundlich mit mir und streichelte mich. Das fand ich prima. Aber wie gesagt, es ist Vorsicht geboten. Tierärzte sind hinterhältige Menschen. Ich fühlte mich wohl und ließ mich gerne streicheln. Als ich dann nur für eine Sekunde einmal wegsah, stach die Tierärztin mich mit einer häßlichen Nadel. Ich war erschrocken und weinte. Uschi tröstete mich und nahm mich vom Tisch herunter. Auch die Tierärztin war plötzlich wieder lieb zu mir und tat so, als wäre sie sich keiner Schuld bewußt. Wenn wir noch einmal zu ihr gehen, passe ich besser auf. Ich will nicht wieder gestochen werden. Eigentlich hätte Uschi mich verteidigen und die Ärztin beißen können. Es wundert mich, daß sie das nicht getan hat. Wahrscheinlich war sie selbst erstaunt gewesen und hat nicht mit solch einer Gemeinheit gerechnet.

Zu Hause habe ich den Vorfall ziemlich schnell wieder vergessen. Meine Leute haben nämlich ein neues Spielzeug für mich besorgt. Es ist ein gelber Gummiigel. Der quietscht noch viel lauter und schöner als meine anderen Gummitiere, und es ist endlich ein Igel, den man beißen kann. Gestern habe ich nämlich, ich vergaß es zu erwähnen, im Keller einen lebendigen Igel entdeckt. Uschi hat ihn dort in eine große Kiste gesperrt. Er soll bei uns den Winter verbringen, weil er für den Winterschlaf draußen noch zu klein ist. Dieser Igel rollte sich zu einer Kugel zusammen und fauchte, als er mich bemerkte. Ich wollte ihn aber unbedingt näher ansehen. Uschi war so freundlich und hielt ihn mir hin. Eine Weile überlegte ich, ob er wohl auch quietscht, wenn ich hineinbeiße. Er sah nämlich fast so rund aus, wie mein Quietscheball. Vorsichtig probierte ich es aus, und zuckte gleich wieder zurück. Der Kerl hatte viele spitze Stacheln. Die taten meiner Nase weh. Mit der Pfote versuchte ich ihn umzudrehen. Das gelang mir zwar, aber nun tat mir auch die Pfote weh und ich mußte erkennen, daß die Igelkugel auch an der Unterseite mit Stacheln versehen war. Ich kam nicht an ihn heran. Da half auch kein wütendes

Gebell. Jetzt ist der Kerl für mich erledigt. Ich gebe mich nicht mehr mit diesem Spielverderber ab. Wie schön ist dagegen der Gummiigel, den man so richtig beißen kann, und der noch nicht einmal herrlich duftendes Katzenfutter aus der Dose bekommt. Der frißt mir nichts weg und wehrt sich nicht, wenn ich mit ihm spielen will.

***

Der zehnte Tag

Neun Wochen bin ich jetzt alt und habe schon eine Menge gelernt. Stefan und Uschi mögen es gar nicht, wenn ich mich zu einer Schlummerstunde auf ihr Bett zurückziehe. Aber das Schlafzimmer ist in der oberen Etage, und sie sind meistens unten im Erdgeschoß. Ich kann inzwischen die Treppen allein hinaufklettern. Manchmal verziehe ich mich heimlich, springe im Schlafzimmer aufs Bett und mache es mir so richtig bequem. Wenn Uschi irgendwann heraufkommt und mich sieht, gibt es immer ein kleines Donnerwetter. Aber das stört mich nicht weiter. Ich nehme es in Kauf und tue dann ganz verlegen. Das wirkt jedesmal. Uschi ist mir nicht lange böse. Richtig ärgerlich wird sie nur, wenn ich mein Geschäft im Haus erledige. Das passiert mir allerdings nur noch selten.

Seit gestern benehmen meine drei Leute sich etwas seltsam. Sie machen sich an verschiedenen Schränken zu schaffen und tun ganz geheimnisvoll. Uschi hat versucht mir den Grund zu erklären.

„Nächste Woche ist Weihnachten", hat sie gesagt. „Da bekommen alle ein Geschenk. Vorher darf niemand wissen was er bekommt. Deshalb verstecken wir alles in den Schränken. Weihnachten ist ein ganz besonderes Fest. Das gibt es nur einmal im Jahr."

Natürlich wußte ich das nicht. Aber Uschi scheint sich selbst auch nicht genau auszukennen. Wenn Weihnachten ein Fest ist, an dem man Geschenke bekommt, kann es nicht nur einmal im Jahr sein. Ich selbst habe das schon mehrfach erlebt. Als ich erst ein paar Tage hier war, habe ich viele Gummitiere und Kauknochen geschenkt bekommen, und vor vier Tagen hat es den hübschen Gummiigel für mich gegeben. Weihnachten kann also gar nicht nur einmal im Jahr sein. Vielleicht hat Uschi da etwas verwechselt.

Stefan und Uschi liefen heute wild durcheinander. Jeder befand sich in einem anderen Zimmer und ließ niemanden herein. Nur ich durfte jeden von ihnen besuchen. Alle drei hatten Papierrollen aus dem Schrank geholt und wickelten damit die unterschiedlichsten Sachen ein. Anschließend wurde alles mit Klebestreifen versehen. Zwischendurch fielen natürlich immer wieder Papierstückchen hinunter. Die prüfte ich dann auf ihre Stabilität. Ich muß sagen, daß es damit nicht zum Besten stand. Jedenfalls konnte ich das Papier mit den Zähnen leicht zerreißen. Das machte Spaß. Viel schwieriger war das mit dem Klebeband. Das hielt ausgesprochen gut zusammen und schmeckte noch nicht einmal besonders gut. Uschi hat irgendwann sogar die ganze Rolle auf den Boden fallen lassen. Damit konnte ich mich dann eine Weile beschäftigen. Mein ganzer Ehrgeiz bestand darin, diese Rolle in kleine Stücke zu beißen. Es dauerte lange, aber schließlich hatte ich es geschafft und war richtig stolz auf mich.

„Wo ist denn nur die Kleberolle?", hörte ich Uschi fragen und sah, wie sie auf dem Tisch zwischen Päckchen, Schleifenband und buntem Papier suchte. Na, hier bei mir, wollte ich sagen. Schau doch mal unter den Tisch. Ich habe viele kleine Stücke aus der dummen Rolle gemacht. Da ich die Menschensprache nicht beherrsche, konnte ich nur bellen, um Uschi aufmerksam zu machen. Das half, sie blickte zu mir hinunter und erspähte die Rolle, oder besser gesagt, was noch davon übrig war. Schwanzwedelnd wartete ich auf mein Lob. Aber es blieb aus. Seufzend sammelte Uschi die Reste zusammen.

„Kann man dich nicht einmal für eine Minute aus den Augen lassen?", fragte sie mich. „Was du da gemacht hast, ist wirklich nicht gut."

Ich verstand nicht, wieso sie nicht begeistert war. Schließlich war es gar nicht so einfach gewesen, das Band zu zerkleinern. Eigentlich hätte sie stolz auf mich sein können. Nicht jeder Welpe hat so starke Zähne. Ich war wirklich traurig. Aber das vergaß ich schnell, als wir alle zusammen einen schönen Spaziergang unternahmen. Die gefleckte Hündin aus dem Nachbarhaus war auch draußen. Wir haben zusammen gespielt. Das ist endlich einmal etwas, das nicht verboten ist. Mein Rudel hat sich sogar gefreut und zugeschaut, wie ich mit meiner Freundin über die Wiese gerannt bin und wie wir gemeinsam in einem Kaninchenloch gebuddelt haben.

Leider ist das Kaninchen nicht zu Hause gewesen. Aber was soll's? Allein schon der Geruch dieses Tieres war köstlich.

***

Der zwölfte Tag

Bei uns ist etwas Seltsames passiert. Angefangen hat der Tag zunächst ganz normal. Martin mußte in die Schule und Stefan ging arbeiten. So nennt er das, wenn er auf Jagd geht, damit ich mein Futter bekomme. Mittags hat Martins Oma uns besucht. Das ist eine nette Frau. Sie hat mich gestreichelt und mir ein paar Leckerbissen mitgebracht. Ich mag Martins Oma und war ein bißchen traurig, als sie wieder wegfuhr.

Wir sind dann auch weggefahren und haben auf einem Hof angehalten, auf dem eine Menge Tannenbäume standen. Uschi baute das ganze Auto um. Die Hutablage, auf der ich so gerne liege, kam weg. Ich konnte jetzt vom Rücksitz aus direkt in den Kofferraum sehen. Während ich überlegte, ob da hinten nicht ein hübscher Spielplatz für mich wäre, gingen Uschi und Martin zwischen den Tannenbäumen spazieren. Nach ein paar Minuten kamen sie zurück. Aber sie waren nicht allein, sondern brachten einen der Bäume mit. Er war mit einem Gumminetz zusammengebunden und wurde ins Auto verfrachtet. Das hatte ich noch nie erlebt. Was hatte denn ein Tannenbaum im Auto verloren? Ich war beinahe ein bißchen eifersüchtig und fragte mich, was mein Rudel mit dem Baum anfangen wollte.

Als wir zu Hause ankamen, glaubte ich, den Grund gefunden zu haben. Uschi schleppte die Tanne nämlich ins Haus. Das konnte nur bedeuten, daß ich ein neues Spielzeug bekommen sollte. Ein richtiger Baum für mich ganz allein. Diese Vorstellung ließ mein Herz höher schlagen. Ich würde ihn durch das ganze Haus zerren, an den Zweigen reißen und die Nadeln abkauen können. Leider wurde ich bald enttäuscht, die Tanne blieb nämlich nicht im Haus, sondern wurde draußen auf der Terrasse untergebracht. Anschließend schloß Uschi die Tür. Ich konnte das Bäumchen zwar sehen, aber für meine beißhungrigen Zähne blieb es unerreichbar. Naja, vielleicht ist das mein Geschenk für das nächste Weihnachtsfest, dachte ich mir. Lange kann es bis dahin ja nicht mehr dauern. Lange Zeit habe ich vor der Terrassentür gesessen und nachgedacht. Ob Stefan und Uschi die Tanne wohl für mich einpacken würden? Sie hatten die anderen Geschenke ja auch in buntes Papier eingewickelt. Für den Baum würden sie eine Menge Papier brauchen. Damit würde ich herrlich spielen können. Ich nahm mir vor, zuerst das viele Papier in Einzelteile zu zerlegen und anschließend die Zweige des Baumes zu zernagen. Damit würde ich sicher eine ganze Woche beschäftigt sein.

Abends lag ich in meinem Korb und dachte darüber nach, wie lange es wohl noch bis zum nächsten Weihnachtsfest dauern würde. Martin hatte mir erzählt, daß er nur noch acht Türchen auf dem Kalender öffnen muß. Was er damit meint, weiß ich nicht. Ich weiß nur, daß ich mich auf den Tannenbaum freue. Ob Uschi, Stefan und Martin sich zu mir auf den Boden legen und auch an den Zweigen kauen werden? Schließlich gibt es jeden Tag so viele Dinge, die wir alle gemeinsam unternehmen. So gehört es sich auch für ein richtiges Rudel, und wir sind ein ganz besonders tolles Rudel. Warum sollten wir also nicht einmal mit vereinten Kräften einen Baum in seine Bestandteile zerlegen? Ich weiß zwar, daß Uschi, Stefan und auch Martin Probleme haben werden, das harte Holz mit ihren schwachen Zähnen zu durchdringen. Aber vielleicht kann ich ihnen ein paar einfache Tips geben, wie das Holz etwas einfacher zu zernagen ist. Außerdem wäre so eine harte Arbeit eine gute Übung für ihre unterentwickelten Beißerchen.

***

Der sechzehnte Tag

Es gibt Tage, an denen unternimmt man am besten gar nichts. Besonders dann nicht, wenn man ein kleiner Hund ist, der sich die Langeweile vertreiben will. Uschi hat heute abend zu mir gesagt, ich sei ein schlimmer Hund. Ganz verzweifelt hat sie ausgesehen. Dabei habe ich wirklich nichts angestellt, sondern nur ein paar neue Spiele erfunden. Und das ist doch schließlich die Aufgabe eines jungen Hundes, der die Welt begreifen lernen soll. Oft sagt Uschi selbst, daß ich Erfahrungen sammeln soll. Versuche ich das, zeigt sie sich manchmal richtig kleinlich. Genauso war es auch heute.

Morgens ging es damit los, daß ich aufwachte. Mein Rudel schlief noch. Also wanderte ich ins Arbeitszimmer und schaute mich dort um. Auf dem Sofa lagen Martins Sachen, die er an diesem Tag anziehen sollte. Weil es so langweilig war, beschäftigte ich mich eine Weile damit. Die Strümpfe waren besonders interessant. Am oberen

Rand waren Gummifäden eingezogen. Mit viel Geschick gelang es mir schließlich, ein paar von diesen Fäden herauszuziehen. Der Strumpf warf dabei lustige Falten, und es gab ein ulkiges Geräusch, wenn ein Faden zerriß. Mit der Zeit hatte ich alle Fäden gezogen, und es war ein hübsches Loch entstanden, durch das ich meine Schnauze stecken konnte. Sofort probierte ich aus, ob das bei dem zweiten Strumpf ebenso funktionierte. Es klappte tatsächlich. Als Uschi endlich wach geworden war und zu mir hereinkam, hielt ich ihr stolz einen der Strümpfe hin. Sie freute sich gar nicht über mein geschicktes Gebiß, sondern warf beide Strümpfe in den Mülleimer. Damit war ich mein schönes Spielzeug los, und Uschi schien ziemlich ungehalten zu sein. Das war kein guter Start in den neuen Tag.

Mittags, nach dem Spaziergang entdeckte ich im Wohnzimmer neben der Tür ein Stückchen Tapete, aus der ein Hälmchen herausschaute. Woher sollte ich wissen, daß das bei einer Grastapete normal ist? Ich wollte nur Ordnung schaffen und alles schön glatt machen. Deshalb versuchte ich, das Hälmchen abzureißen. Das Ding erwies sich als äußerst widerborstig. Ich mußte kräftig ziehen. Plötzlich knirschte es, und ein Stück Tapete löste sich von der Wand. Das weckte meine Neugier. Jetzt wollte ich unbedingt wissen, was sich zwischen Tapete und Wand befand und zog weiter. Es ging alles ganz leicht. Schon nach ein paar Sekunden hatte sich ein großer Teil der Tapetenbahn abgelöst. Bevor ich mir alles genauer ansehen konnte, war Uschi schon wieder da. Sie schimpfte mit mir und war wirklich sehr böse. Das gefiel mir gar nicht. Ich mag nicht, wenn sie böse ist.

Traurig zog ich davon und legte mich neben das Aquarium. Unter dem Becken befindet sich eine Ablageplatte. Aus lauter Langeweile kaute ich daran herum und stellte fest, daß es sich um ganz weiches Holz handelte. Das tat meinen Zähnen gut. Meine Stimmung hob sich beträchtlich, als immer mehr kleinere Holzspäne abfielen und auf dem Boden landeten. Bald hatte ich eine kleine Einbuchtung geschaffen. Uschi hat davon nichts bemerkt. Aber als Stefan nach Hause kam, betrachtete er mein Werk und sah mich unwirsch an. Geschimpft hat er nicht. Aber ich merkte, daß ihm die angeknabberte Platte ganz und gar nicht gefiel.

Beim Abendspaziergang übten Uschi und Stefan mit mir. Sie gaben mir Kommandos, die ich befolgen sollte. Der wichtigste Zuruf ist wohl „Komm". In diesem Fall soll ich mich von allem abwenden und zu ihnen laufen. Das weiß ich genau, aber manchmal habe ich eben keine Lust dazu. Warum sollte ich mich auch von einem herrlich duftenden Strauch trennen, den ich abschnuppern muß. Mein Rudel kann doch auf mich warten. Auch heute habe ich mich nicht von der Stelle gerührt, als Stefan mich rief. Mit eiligen Schritten kam er auf mich zu und wollte mich anleinen. Das habe ich mir nicht gefallen lassen. Ich bin nämlich schneller als er und verschwand blitzschnell im Vorgarten des Nachbarhauses. Von dort aus warf ich Stefan einen triumphierenden Blick zu und hoffte, daß er jetzt mit mir Fangen spielen würde. Das tat er aber nicht. Er drehte sich um und ging weg. Mit Uschi verschwand er um die nächste Ekke. Da bekam ich doch Angst. Es war dunkel und ich war allein. Also rannte ich hinter den beiden her. Sie freuten sich nicht, als ich kam und lobten mich nicht. Das tun sie sonst immer. Ich fragte mich, was ich denn jetzt schon wieder angestellt hatte. Es war doch lustig gewesen, daß ich weggelaufen bin. Mit anderen Hunden spiele ich schließlich auch Fangen. Darüber freut mein Rudel sich. Da soll nun einer begreifen, wieso dieses Spiel manchmal erlaubt ist, und manchmal nicht.

Kurz bevor wir schlafen gingen, strolchte ich noch einmal durch die Räume. Dabei fiel mir eine Papierrolle auf, die an der Wand im Gäste-WC hängt. Ein paar Blätter hingen bis fast auf den Boden herab. Ich zog daran und stellte fest, daß immer mehr Blätter nachkamen. Nach kurzer Zeit lag ein ganzer Berg Papier auf dem Boden. Den packte ich, schüttelte ihn hin und her, zerriß ihn in Einzelteile und verteilte diese überall im Raum. Als Uschi kam, tadelte sie mich und sagte, daß ich ein schlimmer Hund sei. Ich weiß nicht, warum sie das denkt. Schließlich habe ich überhaupt nichts Böses angestellt.

***

Der zwanzigste Tag

Es ist Weihnachten. Die ganze Familie freut sich, und ich bin auch froh. Heute werde ich also endlich meinen schönen Baum bekommen. Morgens habe ich gleich nachgesehen, ob er schon eingepackt ist. Aber er stand unverändert auf der Terrasse. Naja, zum Einpacken ist die Tanne vielleicht wirklich ein bißchen zu groß. Ungeduldig wartete ich darauf, mein Geschenk zu bekommen.

Zuerst passierte aber gar nichts. Ich wurde ins Auto verfrachtet und mein Rudel fuhr zur Kirche. Ich war gespannt darauf, wie es in einer Kirche wohl aussieht. Ob es da Bäume und Wiesen zum Schnuppern gab? Vielleicht waren auch andere Hunde dort, mit denen ich spielen konnte. Enttäuscht mußte ich feststellen, daß ich das nie erfahren würde. Uschi, Stefan und Martin ließen mich nämlich im Auto zurück und gingen allein in die Kirche. Das fand ich gar nicht nett von ihnen und weinte ihnen nach. Aber inzwischen weiß ich längst, daß sie sich von meinem Geheul nicht erweichen lassen und nicht umkehren.

Sie sind der Meinung, daß ich lernen muß, auch einmal eine Stunde allein zu bleiben. Bis jetzt haben sie mich ja tatsächlich niemals im Stich gelassen und sind irgendwann von ganz alleine wieder zurückgekommen. Auch ohne Geheul meinerseits. Also fügte ich mich in mein Schicksal, schlief ein bißchen und träumte schon einmal von der schönen Tanne, die ich zerbeißen durfte.

Tatsächlich wurde das Bäumchen mittags ins Wohnzimmer geschleppt. Allerdings durfte ich es nicht annagen. Als ich es versuchte, maulte Uschi mich an. „Nein Conny, aus!" Ich hielt den Kopf schief und wunderte mich. Warum wurde es mir verboten, mein Geschenk in Empfang zu nehmen? Mein Rudel stellte die Tanne auf einen stabilen Glastisch, und dann taten die drei Leute etwas überaus Seltsames. Sie holten bunte Kugeln, Kerzen und schmale silberne Bänder hervor. Die ganzen Sachen hängten sie in den Baum und betrachteten ihn zufrieden. Martin streichelte mich.

„Heute abend bekommst du auch ein Geschenk", teilte er mir mit. „Das darfst du ganz allein auspacken. Schau dir nur unsere Tanne an. Ist sie nicht schön?"

Naja, sie sah wirklich lustig aus. Aber viel schöner hätte ich sie gefunden, wenn sie vor mir auf dem Boden gelegen hätte und für meine Zähne erreichbar gewesen wäre. Nun wurde also doch nichts aus dem hübschen Geschenk. Das fand ich wirklich schade.

Nachmittags kam Martins Oma und brachte auch den Opa mit. Ich mag beide gern und begrüßte sie entsprechend. Sie brachten mir Hundekuchen mit. Später wurden dann ringsum Päckchen verteilt. Ich bekam auch eins. Daß ein Kauknochen in dem Papier steckte, hatte ich sofort gerochen. Also zerriß ich die Verpackung und machte mich über das Geschenk her. Alle hatten ihre Päckchen ausgewickelt, und Papier türmte sich auf dem Boden vor dem Schrank zu einem großen Haufen. Niemand schimpfte, als ich darin herumtobte und es in kleine Fetzen riß. Das war ein herrliches Spiel. Ritsch, ratsch sagte das Papier, als ich es zerteilte, herumwirbelte und dabei aus tiefer Kehle knurrte. Ach ja, Weihnachten ist ein schönes Fest, auch wenn man keinen Tannenbaum geschenkt bekommt.

***

Der dreiundzwanzigste Tag

Uschi und Stefan haben mir eine Menge beigebracht. Ich setze mich schon auf Kommando hin (meistens jedenfalls), weiß, daß ich im Wohnzimmer nicht auf das Sofa klettern darf und akzeptiere, daß das Herumtragen und Annagen von Schuhen verboten ist. Als ich heute morgen aufwachte, ging mir durch den Kopf, daß ich in meinem Rudel nur wenige Rechte habe. Eigentlich bekleide ich den untersten Rang. Das fand ich für einen fast elf Wochen alten Hund nicht richtig. Also nahm ich mir vor, etwas zu unternehmen, um meine Position zu verbessern.

Die Gelegenheit ergab sich, als wir einen kleinen Ausflug machen wollten. Stefan holte das Auto aus der Garage. Uschi rief nach mir, weil ich einsteigen sollte. Jetzt oder nie, dachte ich und blieb stur auf meinem Fleck neben der Garage sitzen. Gespannt wartete ich darauf, was Uschi jetzt unternehmen würde. Würde sie mir meinen Willen lassen? Aber nein, sie kam auf mich zu und griff nach mir. Auf diesen Moment hatte ich gewartet. Flink sprang ich auf und wollte flüchten. Allerdings war es schon zu spät. Uschis Hände hatten mich noch erreicht und hoben mich einfach hoch. Ich wollte meinen Willen jetzt aber endlich einmal durchsetzen und zeigen, daß ich ein mutiger Hund bin, der sich durchaus zum Rudelführer eignet. Also zog ich die Lefzen hoch und knurrte. Das machte auf Uschi keinen Eindruck. Sie hielt mich fest und trug mich zum Wagen. Mein Knurren schien sie überhaupt nicht wahrgenommen zu haben. Vielleicht haben Menschen nicht nur schlechte Nasen, sondern auch noch schlechte Ohren.

Ich mußte ein schärferes Geschütz auffahren. Gerne tat ich es nicht, weil ich Uschi sehr lieb habe. Trotzdem schnappte ich nach ihrem Arm, knurrte böse und stellte mein Nackenfell auf. Das mußte Wirkung auf sie haben, dachte ich. Sie würde mich bestimmt gleich auf den Boden setzen und mich in Ruhe lassen. Weit gefehlt, Uschi reagierte ganz anders. Sie wurde so böse, wie ich sie noch nie erlebt hatte, packte mich am Nackenfell, schüttelte mich und knurrte mich viel lauter an, als ich es jemals tun könnte. Einen Augenblick lang hatte ich tatsächlich Angst vor ihr und dachte, sie würde mich beißen. Das tat sie dann doch nicht, sondern öffnete die Autotür und ließ mich auf den Rücksitz gleiten. Dann nahm sie selbst vorne Platz.

Zuerst war ich völlig verwirrt. Dann sah ich ein, daß ich wohl doch ein bißchen zu weit gegangen war. Also mußte ich mich entschuldigen. Mit meiner Pfote angelte ich nach ihrem Arm, und als sie sich zu mir umdrehte, leckte ich ihr die Nase ab. Sie streichelte mir über den Kopf, tätschelte meine Ohren und war wieder ganz lieb zu mir. Es war so, als hätten wir überhaupt keinen Streit gehabt, und darüber war ich im Moment sehr froh.

Vielleicht ist es gar nicht so schlecht, den letzten Rang im Rudel zu bekleiden. Das erspart viele Mühen. Man muß sich um nichts Sorgen machen, keine Verantwortung übernehmen und wird trotzdem von allen geliebt. Ich muß in Ruhe darüber nachdenken, ob es sich lohnt, später noch einmal um den Rang zu kämpfen. Uschi läßt sich ihre Position nicht so leicht nehmen. Sie wird sich behaupten und mich dann möglicherweise doch beißen. Das will ich nicht.

Unser Ausflug führte uns in einen herrlichen Wald. Unterwegs trafen wir viele Leute, die ich begrüßen durfte. Einige hatten sogar Hunde dabei, die mit mir gespielt haben. Stefan sprach davon, daß es im nächsten Frühling bestimmt schön werden wird. Er will lange Spaziergänge mit mir unternehmen, wenn die Sonne wärmer scheint und die ersten grünen Blätter an den Bäumen hängen. Ich weiß nicht was er damit meint. An keinem Baum habe ich ein grünes Blatt entdecken können. Wie sollten die auch dahinkommen? In meinem gesamten bisherigen Leben habe ich nur kahle Baumkronen gesehen. Was grüne Blätter sind, weiß ich nicht. Ich kenne nur braune Blätter, die auf dem Boden liegen und in denen man herumtoben kann. Auch von der Sonne habe ich in meinem Leben noch nicht viel gesehen, und wenn sie scheint, ist es fast so kalt, wie wenn der Himmel von Wolken bedeckt ist. Frühling, darunter kann ich mir beim besten Willen nichts vorstellen.

Aber irgendwie werde ich das Gefühl nicht los, daß es auf der Welt noch eine Menge Dinge gibt, von denen ich keine Ahnung habe.

Tagtäglich gibt es neues Rätselhaftes und Erstaunliches zu entdecken. Irgendwann werde ich vielleicht auch erfahren, wie grüne Blätter aussehen und auf welch wundersame Weise sie an die Bäume kommen.

***

Der fünfundzwanzigste Tag

Stefan hat ein tolles neues Spiel erfunden. Es findet täglich im Waschkeller statt. Er muß sich für dieses Spiel sogar umziehen. Dann hockt er auf dem Boden, schmiert ihn mit einer Paste ein und legt Steine darauf. Fliesen legen heißt das Spiel. Es macht großen Spaß und man sollte nicht glauben, was man dazu alles braucht. Neben Stefan liegen dicke Handschuhe, Spachtelmesser, Rührstäbe für die Paste und vieles mehr. Sobald Stefan sich hinhockt und einen neuen Stein auf den eingeschmierten Boden legt, greife ich nach einem Handschuh oder einem Spachtelmesser und verschwinde damit die Treppe hinauf. Es dauert immer nur Sekunden, bis Stefan mir folgt und mir meine Beute wieder abnimmt. Er trägt die Sachen zurück in den Keller und legt sie wieder auf den Boden. Dann schleiche ich mich leise an, warte auf eine günstige Gelegenheit und nehme ihm erneut eins von den kleinen Spielzeugen weg, das ich sofort nach oben trage. Natürlich kommt Stefan dann augenblicklich wieder hinterher. Dieses Spiel ist lustig und macht ungeheuer viel Spaß. Manchmal habe ich allerdings den Eindruck, daß Stefan selbst nicht so großen Gefallen daran findet. Vielleicht spielt er nur, um mir eine Freude zu machen. Das finde ich nett von ihm. Heute abend hat er fast zwei Stunden mit mir Fliesen legen gespielt. Dann waren wir beide müde und hatten genug davon. Aber morgen geht es weiter. Das hat Stefan mir schon versprochen, und mir ist nicht ganz klar, warum er dabei leise geseufzt hat.

Übrigens finde ich alle Kellerräume interessant. Toll, was es dort alles zu beschnuppern gibt und welche Schätze man dort finden kann. Pappkisten, wunderschöne alte Kordel, ausgediente Zeitungsstapel und Lumpen, an denen man zerren kann. Im Keller ist nicht so viel verboten, wie in allen anderen Räumen des Hauses. Da darf ich keine Schränke anknabbern, oder Sofakissen zerbeißen. Unten im Keller stört es niemanden, wenn ich ein Stück Holz zerlege, oder einen Lappen in kleine Fetzen reiße. Dabei ist da eigentlich kein Unterschied. Das Holz im Keller schmeckt genauso, wie der Eichenschrank im Wohnzimmer. Naja, fast genauso. Kleine Geschmacksvarianten habe ich schon festgestellt, das gebe ich zu. Doch die sind unerheblich. Vielleicht sollte ich noch einmal genauere und intensivere Vergleichstests in Erwägung ziehen.

In der Küche steht ein lustiges Gerät herum. Spülmaschine nennt mein Rudel dieses Ding. Meistens ist die Tür geschlossen. Dann kann man nicht hineingreifen. Aber manchmal macht Uschi die Klappe auf. Hinter dieser verbergen sich blinkende kleine Gegenstände. Teller, Tassen und Bestecke. An dem Geschirr habe ich kein Interesse. Aber das Besteck eignet sich sehr gut zum Spielen. Außerdem befindet es sich für mich genau in der richtigen Höhe. Heute ist es mir wieder gelungen, einen Löffel zu klauen und damit ins Wohnzimmer zu verschwinden. Auf den Löffeln ist oft Futter. Das weiß ich, weil ich Uschi beobachtet habe, wenn sie meinen Napf füllt. Sie holt das Futter mit einem Löffel aus der Dose. Leider sind die Löffel, die ich aus der Spülmaschine hole, immer leer. Aber ich gebe die Hoffnung nicht auf.

Außerdem ist es ein schönes Spiel, wenn ich einen Löffel stehle und Uschi mir dann nachläuft. Damit könnte ich sie und mich stundenlang beschäftigen. Manchmal wird sie mit der Zeit ein bißchen ungeduldig, und wenn ich etwas zum vierten oder fünften mal hintereinander geklaut habe, mault sie auch ein bißchen.

Aber im Grunde genommen ist Uschi herzensgut. Sie mag mich, und ich mag sie. Heute hat sie auch nicht gesagt, daß ich ein schlimmer Hund sei.

***

Der siebenundzwanzigste Tag

Silvester. Zuerst wußte ich gar nicht, was das bedeutet. Jetzt bin ich in die Geheimnisse des Silvestertreibens eingeweiht. Alle Leute sind an diesem Tag fröhlich, wünschen sich gegenseitig alles Gute und zeigen sich äußerst heiter. Sie halten Silvester für einen ganz besonderen Tag. Dabei ist er zunächst auch nicht viel anders als andere Tage. Der einzige Unterschied besteht darin, daß die Menschen abends lange aufbleiben und auch ein kleiner Hund nicht in seinen Korb kommt. Da mag er gähnen soviel er will. Geschlafen wird einfach nicht. Das Wohnzimmer riecht am Silvesterabend stark nach Zigarettenrauch, und urplötzlich fängt es draußen ohne erkennbaren Grund an zu knallen. Es ist nicht ein einziger Knall. Nein, es sind Tausende. Dazu zischt und pfeift es, und am Himmel tauchen farbige Lichter auf, die die Menschen zu Begeisterungsrufen hinreißen. Sie sind schon komisch, diese zweibeinigen Hunde, auch Menschen genannt, die seltsamen Sitten und Gebräuchen nachgehen und eine, ich bitte um Entschuldigung, verdammt schlechte Nase haben. Ich fand an der Knallerei jedenfalls überhaupt nichts Erfreuliches. Angst hatte ich eigentlich nicht, denn ich bin ein mutiger kleiner Hund. Aber mir war es dann doch lieber, als Uschi mich auf den Arm nahm und sich mit mir drinnen im Haus ans Fenster setzte. Da störte mich das Getöse nicht mehr. Ich rollte mich auf ihren Beinen zusammen und schlief ein. Schließlich war schon lange Schlafenszeit.

„Jetzt ist ein neues Jahr gekommen", erklärte Uschi mir, als sie mich wenig später auf den Arm nahm und mich in meinen Korb trug. Ich schaute blinzelnd auf. Wer war gekommen? Außer Stefan und Martin konnte ich niemanden entdecken. Wer war denn das, das neue Jahr? Vor allen Dingen, wo war es? Ob man mit ihm spielen konnte? Aber eigentlich war ich zum Spielen viel zu müde. Ich wollte nur noch schlafen. Wahrscheinlich würde das neue Jahr, wenn ich aufwachte, schon wieder gegangen sein. Ich würde es gar nicht zu Gesicht bekommen. Aber das war mir im Augenblick egal. Ich war glücklich, als ich mein Kissen unter mir spürte, zur Kenntnis nehmen konnte, daß mein Rudel sich ebenfalls zur Ruhe begab und endlich einschlafen konnte.

***

Die fünfte Woche

Nun bin ich schon so lange bei meinem neuen Rudel, daß ich gar nicht mehr in Tagen rechnen kann. Es ist besser, wenn ich ab jetzt den Begriff der Woche wähle. Ich bin immerhin schon fast zwölf Wochen alt und fleißig gewachsen. Meine Schulterhöhe beträgt inzwischen über dreißig Zentimeter und ich wiege über sechs Kilo.

Aber so wie es aussieht, wird sich daran in den nächsten Monaten noch einiges ändern. Im Gegensatz zu meinem recht schlanken Körper verfüge ich nämlich über geradezu riesige und breite Pfoten. Diese Pfoten und auch die oberhalb liegenden kräftigen Gelenke lassen darauf schließen, daß ich noch gewaltig wachsen werde. Bei Rassehunden wissen die Besitzer immer schon von Anfang an ungefähr, wie groß ihre Vierbeiner einmal werden. Abweichungen von mehr als zwei oder drei Zentimetern gibt es kaum. Mischlinge hingegen sind meistens richtige Überraschungshunde, die ihre Besitzer oft mit einem rasanten und nicht enden wollendem Wachstum verblüffen. Ich glaube, mir macht es Spaß, ein echter Überraschungshund zu sein.

Heute hatte ich eine schlimme Begegnung. Uschi hat mich zum Zeitungsladen mitgenommen. Den kenne ich schon. Alle paar Tage gehen wir dorthin. Uschi kauft da Zigaretten, Zeitschriften und gibt die Lottoscheine ab. Die Frau, der der Laden gehört ist sehr nett.

Manchmal sind auch Kunden dort, die mit mir spielen. Einmal habe ich sogar einen kleinen Hund getroffen. Mit seiner Hilfe ist es mir gelungen, den Schirmständer, der an der Eingangstür steht, in eine andere Ecke zu schieben. Das hat Spaß gemacht. Die Leute haben sich alle gefreut. Nur der alte Mann, der hereinkam und seinen Schirm abstellen wollte, guckte erstaunt.

Natürlich habe ich gehofft, den Hund heute wiederzusehen. Er war aber nicht da, als wir in den Laden kamen. Dafür stand ein anderer Hund hinter der Eingangstür. Der war nicht viel größer als ich, aber schon ausgewachsen. Ich wollte ihn gerade begrüßen, da ging er auf mich los. Richtig wütend hat er die Lefzen hochgezogen und mich angemault. Sogar gebissen hat er nach mir. Aber seine Besitzerin hatte ihn an der Leine und ließ ihn nicht zu mir herüber. Trotzdem hatte ich Angst. Der dumme Kerl geiferte noch, als die Frau ihn schließlich aus dem Laden zerrte. Ich habe mich zwischen Uschis Füßen versteckt. Wenn dieser Hund nicht angeleint gewesen wäre, hätte er mich gefressen. Daran habe ich keine Zweifel. Jetzt bin ich ein bißchen vorsichtiger, wenn ich andere Hunde treffe.

Als wir nach Hause kamen, mußte Uschi im Büro arbeiten. Manchmal lege ich mich dann ja auf die Couch und schlafe ein bißchen. Diesmal war ich aber gar nicht müde. Es war langweilig, allein im Wohnzimmer zu hocken. Zum Glück war die Terrassentür offen, und ich ging in den Garten. Dort entdeckte ich zwei Blumentöpfe. Kleine Pflanzen steckten darin. Aber die hatte sowieso fast gar keine Blätter mehr. Mit meinen Zähnen konnte ich die Pflanzen gut aus den Töpfen ziehen und ins Wohnzimmer schleppen. Die Erdballen hingen natürlich noch an den Wurzeln.

Das schadete jedoch nichts, im Gegenteil. Bald fand ich heraus, daß die Sache sogar vorteilhaft war. Die nasse Erde flog nämlich in kleinen Stückchen überall durch die Luft, wenn ich die Pflanze kräftig schüttelte. Das war vielleicht komisch. Der Teppich, die Sessel und der Wohnzimmerschrank bekamen ganz neue Farben. Überall waren die Sachen mit schwarzen Tupfern versehen. Die Tür hat dabei natürlich auch ihren Anteil abbekommen. Ich knurrte und zerrte, bis mir beinahe die Luft ausging. So ein Kampf mit widerborstigen Pflanzen kann richtig lustig sein.

Doch dann kam Uschi vorbei und schaute ins Wohnzimmer. Sie guckte ziemlich komisch. Jedenfalls habe ich so einen Blick noch nie bei ihr gesehen. Fröhlich blaffte ich sie an und fragte sie, ob ich das nicht fein gemacht hätte.

„Nein, Conny, das war nicht gut", sagte sie streng und schickte mich aus dem Zimmer. Dann holte sie dieses lärmende Ding, das allen Schmutz vom Boden frißt. Staubsauger nennen die Menschen das. Sonst darf ich immer im selben Raum bleiben und das blöde Ding anknurren. Diesmal mußte ich vor der Tür warten. Irgendwie fand Uschi mein neues Spiel nicht lustig. Ich weiß nicht warum. Es war eins der herrlichsten Vergnügen, die ich bisher erfunden habe.

Zu einem anderen großen Ereignis gehörte der Besuch im Kaufhaus. Mein ganzes Rudel hat mich begleitet. Was es in so einem Haus alles zu sehen, zu riechen und erst anzuknabbern gibt! Das ist einfach toll. Dort gab es lange Stangen, an denen die Leute viele Lappen zum Spielen aufgehängt hatten. Natürlich schnappte ich sofort danach. Stefan verbot es mir und meinte, das seien Kleider, die noch verkauft werden sollen. Naja, das konnte ich ja nicht wissen. Aber ein paar Pappschilder mit Größenangaben die auf dem Boden lagen, durfte ich zernagen. Das war auch ganz schön.

Viele Leute waren im Kaufhaus. Alle trugen Taschen und Tüten bei sich. Wenn sie gerade einmal still standen, konnte ich in den Taschen nach Spielzeug suchen. Leider habe ich nichts gefunden. Uschi hat mich auch immer rasch weggezogen. An der Kasse lag eine Plastiktüte auf dem

Boden. Die habe ich wenigstens schnell zerfetzt, während Stefan die Einkäufe bezahlte.

Der Höhepunkt kam, als wir in die Zooabteilung des Kaufhauses gingen. Überall in den Regalen gab es lange Kauknochen, Gummitiere, kleine Bälle und Knabberspielzeug. Viele Sachen lagen so niedrig über dem Boden, daß ich sie gut erreichen konnte. Nett von den Leuten, daß sie alles für mich hingestellt hatten. Ich machte von dem Angebot Gebrauch und zerrte heraus, was mir gerade gefiel. Uschi hat es dann immer wieder eingeräumt. Das war ein lustiges Spiel. An der Kasse habe ich später noch einen Leckerbissen bekommen. Also, so ein Besuch im Kaufhaus ist prima. Hoffentlich gehen wir bald wieder hin.

***

Die sechste Woche

Alle Leute wundern sich, wie sehr ich schon gewachsen bin. Spaziergänger wollen unterwegs dauernd wissen, welcher Rasse ich angehöre. Uschi muß es mehrmals am Tag erklären. Sie hat gesagt, daß sie mir irgendwann ein Schild mit meiner Mischlingsbeschreibung um den Hals hängt. Das wird sie bestimmt nicht tun. Sie weiß doch, daß ich das Schild zerbeißen würde.

Nachdem aber kürzlich auf einer Waldwanderung wieder mindestens zehn Spaziergänger diese Frage stellten, war Uschi es leid. Als uns eine junge Frau mit Kinderwagen entgegenkam und wissen wollte, was für ein Hund ich sei, erklärte Uschi: „Das ist ein Labrack". Dieses Wort war eine Mischung aus Labrador und Bracke, also eine Phantasiebezeichnung. Die junge Frau aber nickte und meinte: „Das ist aber ein besonders schönes Exemplar dieser Rasse." Ich weiß nicht genau, warum Uschi und Stefan sich gegenseitig so fröhlich angrinsten, als sie weitergingen.

Vor ein paar Tagen ist Uschi richtig böse geworden, aber diesmal war ich nicht der Grund dafür. Wir machten gerade einen Spaziergang. Da kam uns eine Frau entgegen. Ich wollte sie begrüßen, aber sie hat mich nur mitleidig angeschaut und gesagt:

„Schon wieder so ein armer Welpe, der als Weihnachtsgeschenk unter dem Tannenbaum gesessen hat und am Ende im Tierheim landet." Da ist Uschi wütend geworden. Sie hat der Frau erklärt, daß ihr alter Hund rein zufällig ausgerechnet im Herbst gestorben ist und sie ebenso zufällig kurz vor Weihnachten einen neuen Hund angeschafft hat. Ich wäre nun wirklich keines der bedauernswerten Geschöpfe, die als niedliches Geschenk unter dem Tannenbaum gesessen hätten, vielleicht noch mit einer Schleife verziert.

Da muß ich Uschi recht geben. Nicht ein einziges mal habe ich unter dem Weihnachtsbaum gesessen. Das hätte ich gerne getan, aber die Tanne stand ja auf einem kleinen Tisch. Da konnte ich nicht rauf, und eine Schleife habe ich auch nicht umgebunden bekommen. Ich habe nur Schleifen zerfetzt, die von Geschenkpapier stammten. Außerdem weiß ich gar nicht, was das sollte. Was ist denn so schlimm, wenn ein Hund unter der Tanne sitzt? Ich habe nicht begriffen, was das mit Tierheim zu tun hat. An diesem Tag wußte ich noch nicht einmal, was ein Tierheim überhaupt ist. Das habe ich erst am nächsten Tag erfahren.

Uschi kauft ihre Eier im Tierheim. Dort gibt es welche von Hühnern, die nicht in Käfigen leben müssen. Ich durfte diesmal mit in das Haus, in dem es nach vielen Hunden und Katzen roch. Irgendwie hatte ich ein bißchen Angst. Warum, weiß ich selbst nicht. Die Leute dort waren sehr nett zu mir. Sie haben mich gestreichelt und mit mir gesprochen. Dann kam ein ganz alter Schäferhund und schnupperte mich ab. Vor dem hatte ich keine Angst. Der war ganz vorsichtig und konnte kaum noch etwas sehen. Als wir gingen, hat er uns sogar bis zur Tür begleitet. Uschi streichelte seinen Kopf und sah ihn ganz mitleidig an. Wenn man vom Tierheim spricht, werden die meisten Leute immer traurig. Ihre Augen fangen an, verdächtig zu glänzen, und oft seufzen sie auch richtig kummervoll. Ich fand es eigentlich interessant dort, obwohl ich etwas Angst hatte.

Inzwischen habe ich mein Spiel mit der Rolle Clopapier perfekt im Griff. Wenn die Tür vom Gästeclo offen ist, schleiche ich mich hinein. Vorher sehe ich immer nach, ob auch die Terassentür offen steht. Dann nehme ich ein paar Blätter von der Rolle ins Maul und sause längs durch das Haus in den Garten. Die Papierfahne weht dann hinter mir im Wind, wenn ich bis ganz hinten zum Zaun laufe. Meistens kommt Uschi schnell dahinter, daß ich wieder mit der Papierrolle unterwegs bin. Sie hört, wenn der ganze Segen im Gästeclo rasend schnell abgerollt wird. Dann sammelt sie alles ein und hat nachher einen riesigen Papierberg im Arm. Weder Stefan noch Uschi finden dieses Spiel lustig. Aber Stefan hat selbst gesagt, daß die Sache auch ihre gute Seite hätte. Jetzt wüßte er endlich, wie viele Meter Papier auf einer ganzen Rolle seien. Na also, so habe ich dafür gesorgt, daß sogar ein ranghöheres Rudelmitglied noch etwas lernen konnte. Ich weiß zwar nicht genau, wie wichtig diese neue Erkenntnis für Stefan ist, aber ich denke doch, daß er mir irgendwie dankbar sein müßte, weil er durch mich etwas gelernt hat.

Gestern hat Uschi beim Metzger etwas für mich gekauft. Zuerst wußte ich gar nicht was es war. Aber es roch köstlich, als es in der Küche auf dem Herd kochte. Später reichte Uschi mir den abgekochten und abgekühlten Kalbsknochen. Das war ein riesiges Ding. Ich konnte ihn kaum wegschleppen. Auf dem Teppich in der Diele habe ich daran genagt, zuerst das Fleisch, dann den Knorpel abgerissen. Zwischendurch kam Uschi vorbei und streichelte meinen Kopf. Ich war nicht sicher, ob sie meinen Knochen haben und mitnehmen wollte. Deshalb knurrte ich sie vorsichtshalber an. Sie sollte merken, daß ich es ernst meine. Meine Nackenhaare waren aufgestellt und meine Lefzen hochgezogen. Mein Kopf lag fest auf dem Knochen. Was dann geschah, ging furchtbar schnell. Uschi beugte sich zu mir herunter, knurrte böse zurück und schubste mich weg. Im selben Augenblick war der Knochen auch schon verschwunden. Den hatte Uschi sich genommen. Ihr Knurren klang so böse, daß ich fast Angst vor ihr bekam. Dann ging sie einfach weg.

Als ich den Teppich abschnupperte, der noch so herrlich nach Knochen duftete, dachte ich nach und kam zu der Erkenntnis, daß ich falsch gehandelt hatte. Uschi ist ein ranghöheres Rudelmitglied. Ich hätte ihr den Knochen sofort überlassen müssen und sie nicht anknurren dürfen. Als sie nach zwei Minuten wieder an mir vorbeikam und sich zu mir herunterbeugte, leckte ich ihr die Nase ab und legte mich auf den Rücken. Sie sollte sehen, daß ich die Regeln kapiert hatte. Das hat sie auch verstanden und mir etwas später sogar den Knochen wieder hingeschoben. Ach ja, manchmal sind Rudelführer doch richtig lieb. Ich werde mich jedenfalls in Zukunft besser benehmen, zumindest werde ich mir diesbezüglich Mühe geben.

Eigentlich habe ich schon eine Menge gelernt. Ich beiße jetzt keine Löcher mehr in Strümpfe und stelle längst nicht mehr so viel an wie früher. Das ist für mich ein Grund, richtig stolz auf mich zu sein.

Der vierte Monat

Ich habe ein neues Geschenk bekommen. Eines Tages kam Uschi mit einem großen Fellhaufen unter dem Arm nach Hause und stellte ihn im Schlafzimmer auf. Dann machte sie mir klar, daß dieser Fellhaufen für mich sein sollte. Es sei mein neuer Korb. Natürlich probierte ich das Ding gleich aus. Man lag sehr gemütlich darin. Aber meine Neugierde wurde bald geweckt. Ich wollte wissen, was sich unter dem Fellbezug befand. Daß da noch etwas war, wußte ich ganz genau. Leider ließ sich das weiche Plüschfell nicht abziehen. Also blieb mir keine andere Möglichkeit, als ein schönes großes Loch hineinzubeißen. Darunter kam gelbes Schaumgummi zum Vorschein, das sich leicht in kleine Stücke zerbeißen ließ. Es war ein lustiges Spiel. Dieser Korb machte viel mehr Spaß als der alte, für den ich zu groß geworden war. Ich muß wohl nicht erwähnen, daß Uschi das Spiel überhaupt nicht lustig fand. Sie war sogar richtig traurig, als sie die vielen Schaumgummiflocken überall im Schlafzimmer entdeckte. Dann setzte sie einen Flicken auf das Loch und verzierte ihn mit meinem Namen. Ich hatte wieder einmal ein schlechtes Gewissen. Das Leben ist so schön, aber auch sehr schwer. Als junger Hund merkt man das ziemlich deutlich.

Am Ende dieses Monats wurde Stefans Geburtstag gefeiert. Schon am frühen Morgen duftete es herrlich in der Küche. Uschi erzählte mir, daß sie ein kaltes Buffet vorbereitet. Darauf freute ich mich natürlich. Buffet roch phantastisch. Ich war sicher, daß mir das noch besser schmecken würde, als Hundefutter. Den ganzen Tag über wartete ich darauf, daß mein Napf endlich mit dem Fleisch vom Buffet gefüllt wurde. Was dann geschah, habe ich nicht begriffen. Als die Gäste kamen, baute meine Familie das Buffet im Wohnzimmer auf, und ich bekam Reis und Fleisch. An und für sich mag ich das. Aber das kenne ich doch schon. Wieso bekam ich kein Buffet?

Die Gäste brachten zwei Hunde mit. Racker, den großen Neufundländer und Terry, den kleinen Cairn-Terrier. Terry ist nur ein halbes Jahr älter als ich. Wir zwei spielen oft und gerne miteinander. Das taten wir auch an diesem Tag. Anschließend setzten wir uns gemeinsam unter den Tisch, auf dem all die Köstlichkeiten standen und warteten darauf, endlich ein paar große Happen zu bekommen. Doch meine Familie schien gar nicht an uns zu denken. Aber Martins Oma vergaß uns nicht. Von ihr bekamen wir eine Menge Fleisch.

Ich hatte den Eindruck, daß sie uns die Happen heimlich zusteckte. Sie achtete immer darauf, daß sie niemand beobachtete. Als sie dann am Eßtisch saß, setzten wir uns neben sie. Nach einer Weile wurde das langweilig. Deshalb sprangen wir an ihr hoch. Irgendwie mußten wir uns ja bemerkbar machen und ihr mitteilen, daß wir noch längst nicht satt waren. Uschi und Stefan schickten uns weg und sahen auch die Oma tadelnd an. Sie wurde ganz verlegen und rot im Gesicht. Dabei hatte sie gar nichts angestellt.

Jedenfalls werde ich bei Omas nächstem Besuch wieder neben ihr am Tisch sitzen und sie auf mich aufmerksam machen. Wenn ich nur lange genug an ihrem Bein kratze oder sie anspringe, gibt sie mir nämlich immer etwas ab. Naja, und wenn ich erst groß bin, kann ich leicht an ihren Teller kommen. Dann könnten wir gemeinsam essen.

***

Der fünfte Monat

Waldspaziergänge sind herrlich. Da gibt es immer viel zu schnuppern. Bei der letzten Wanderung kamen wir an eine große Wiese. Der Geruch im Gras war überwältigend. Vor ganz kurzer Zeit mußten Schafe dort gestanden haben. Ich trabte also umher und suchte nach einem besonders schönen Stück Schafsmist. Das hatte ich auch bald gefunden. Jetzt gab es für mich kein Halten mehr. Beherzt warf ich mich auf den Rücken und wälzte mich, bis mein Fell völlig verklebt war und richtig schön nach Schaf roch. Es dauerte leider nicht lange, bis Uschi bei mir war und mich wegzerrte. Angewidert verzog sie das Gesicht und schimpfte. Ich schüttelte mich, wobei einige feuchte Brocken durch die Luft flogen. Das Schaf, in dessen Hinterlassenschaft ich mich gewälzt hatte, hatte nämlich Durchfall gehabt. Dadurch war der Geruch noch intensiver. Mein Rudel ist leider oft nicht meiner Meinung und fand den Duft ekelhaft. Auf der Rückfahrt nach Hause mußte ich ganz still im

Auto auf einer Decke sitzen. Martin, der neben mir saß, beschwerte sich die ganze Zeit darüber, daß er den Gestank nicht aushalten könne. Zum ersten Mal wollte er nichts von mir wissen und nicht mit mir spielen.

Zu Hause wurde alles noch schlimmer. Da schleifte meine Familie mich ins Badezimmer und stellte mich in die Wanne. Was dann kam, war einfach furchtbar. Mit der Handdusche wurde ich völlig durchnäßt und dann auch noch mit einer übel riechenden Masse eingeschäumt. Der wundervolle Mistgeruch verschwand. Ich hatte mir alle Mühe umsonst gemacht. Wenigstens durfte ich mich anschließend auf dem Teppich wälzen. Aber das brachte nicht viel, weil kein bißchen Schafsmist darauf war. Trocken wurde ich zwar, aber der widerliche Schampoogeruch blieb noch tagelang in meinem Fell.

Mein Rudel meint, daß ich nun langsam etwas lernen muß. Da gibt es verschiedene Kommandos, auf die ich hören soll. Ich sehe aber gar nicht ein, warum ich das tun sollte. Jeden Tag wird ein bißchen geübt. Zuerst habe ich gar keine

Notiz von den Kommandos genommen. Aber das half nichts. Ich bekam keine Ruhe. Mein Rudel ließ nicht locker und war immer ganz aus dem Häuschen, wenn ich einmal reagierte.

Dann bekam ich sogar eine kleine Belohnung. Also habe ich mir überlegt, daß ich ihnen wenigstens ab und zu eine Freude bereiten kann. Ein Stück Hundekuchen zwischendurch ist schließlich nicht zu verachten. Aber wenn ich irgendwo einen anderen Hund sehe, mit dem ich spielen möchte, reagiere ich auf kein Kommando mehr. Dann bin ich weg und tobe mit meinem neuen Freund herum. Man soll den Gehorsam schließlich nicht übertreiben.

Ein besonders schöner Ort in unserem Haus ist der Dachboden. Da stehen viele interessante Sachen herum. Leider ist die Tür meist verschlossen. Vor ein paar Tagen hat meine Familie vergessen, die Tür zu schließen. Natürlich habe ich die Gelegenheit genutzt. Ganz leise bin ich die Treppe hinaufgestiegen und habe mich erst einmal umgesehen. Dann machte ich mich über eine Reihe von Pappkartons her. Die wurden in kleine Stücke gerissen. Es war herrlich, wie die Fetzen flogen. Dann entdeckte ich ein seltsames wolliges Zeug, mit dem auch der Dachboden verkleidet ist. Eine halbe Rolle lag auf dem Boden. Die nahm ich auseinander und schleuderte die einzelnen Büschel durch die Luft. Seltsam, schon nach ein paar Minuten juckte mein Fell überall. Ich wälzte mich in dem Wollzeug, damit das Jucken aufhörte. Aber es wurde nur noch schlimmer.

Plötzlich stand Uschi vor mir und guckte verstört. Dann meinte sie, das Jucken sei die Strafe dafür, daß ich mit der Wolle gespielt habe. Sie zog sich lange Gummihandschuhe an und trug mich ins Badezimmer. Zu meinem Entsetzen wurde ich schon wieder in die Wanne verfrachtet und fast kalt abgeduscht. Warmes Wasser würde nicht helfen, meinte Uschi. Fast zehn Minuten ließ sie mich unter dem Wasserstrahl stehen. Das fand ich gemein. Aber es half, denn das schreckliche Jukken hörte bald auf.

In Zukunft werde ich mich darauf beschränken, im Dachboden Kartons zu zerreißen, oder Holzplatten zu zernagen. Eigentlich soll ich das ja auch nicht tun. Deshalb wird die Tür fast immer abgeschlossen. Aber mein Rudel ist manchmal ein bißchen vergeßlich. Deshalb bin ich sicher, daß sich in absehbarer Zeit wieder eine Gelegenheit zu einem herrlichen Dachbodenspiel ergeben wird.

Von dieser scheußlichen Wolle würde ich allerdings sogar dann meine Zähne und Pfoten lassen, wenn Uschi und Stefan sie nicht inzwischen in einen großen Plastiksack gestopft hätten.

***

Der sechste Monat

Alle hoffen darauf, daß ich aufhöre zu wachsen. Ich denke gar nicht daran. Jetzt habe ich schon eine Rückenhöhe von über vierzig Zentimetern und wachse weiter. Vielleicht werde ich einmal so groß wie mein Vater. Mich würde das nicht stören. Nur meine Familie verdreht gequält die Augen, wenn sie daran denkt. Ein Glück, daß sie mich so gern mögen. Ich habe neulich gehört, daß es Menschen geben soll, die ihren Hund abgeschafft und einfach im Stich gelassen haben, weil er ihnen zu groß geworden war. Das finde ich unfair und gemein. Meine Leute würden so etwas niemals tun. Sie sind ja froh, daß sie mich haben. Was wären sie auch ohne mich? Ein trauriges, hundeloses Rudel, das sich vor Sehnsucht nach einem Vierbeiner verzehrt. Größer als meine Mutter bin ich jetzt schon. Das konnten wir alle feststellen, als wir sie besucht und bei ihr Urlaub gemacht haben. Mutter Rieke ist mindestens drei Zentimeter kleiner als ich, und ich wachse noch, sie nicht. Der Hof, auf dem meine Mutter lebt, mein Vater übrigens auch, ist prima. Dort habe ich ganz neue Erfahrungen gemacht. Es gibt da jede Menge Hühner, die überall frei herumlaufen. Ich habe mir einen Spaß daraus gemacht, wie ein Pfeil zwischen sie zu fahren und sie aufzuschrecken. Laut gackernd stoben sie auseinander. Ach, war das schön. Aber wieder einmal war mein Rudel dagegen und schimpfte mit mir. Ich durfte keine Hühner jagen. Dabei wollte ich ihnen gar nichts Böses, nur ein bißchen durcheinanderwirbeln. Das habe ich auch noch zweimal geschafft, als meine Familie gerade nicht aufpaßte.

Mit den Katzen auf dem Hof kam ich ganz gut zurecht. Eine hat sogar mit mir gespielt. Auch meine Mutter spielte manchmal mit mir. Doch sie war auch sehr streng und machte mir deutlich klar, wenn ich etwas falsch gemacht hatte. Dann sah sie richtig böse aus.

Vor meinem Vater Enno habe ich großen Respekt. Allein schon sein Blick duldet keinen Widerspruch. Er hat mir nichts getan. Immerhin bin ich ein Welpe uns außerdem eine Hündin.

Aber daß er der Herr des Hofes ist, steht fest.

In diesem Urlaub hatte ich ein bißchen Pech. Es gibt einen Teich am Hof mit einen Holzsteg auf dem man herumtoben kann. Dort habe ich immer mit Stöckchen gespielt. Nur war dieser Steg leider etwas glitschig. Irgendwann bin ich plötzlich ausgerutscht und lag im Wasser. Was sollte ich machen? Daß ich schwimmen konnte, wußte ich noch nicht. Also klammerte ich mich am Gerüst des Steges fest und klemmte mir dabei auch noch die Pfote ein. Du liebe Zeit, hatte ich eine Angst. Da sah ich Stefan und Uschi am Ufer stehen. Uschi zog die Schuhe aus und warf ihre Jacke weg. Sie wollte mich holen. Ich weiß, daß sie bedenkenlos jederzeit ins Wasser springen würde, um mich zu retten. Schließlich liebt sie mich genauso wie ich sie. Aber daß sie auch noch in das kalte und schrecklich nasse Wasser mußte, wollte ich nun auch nicht. Zum Glück bekam ich die Pfote wieder frei und paddelte ans Ufer. Dort wurde ich erfreut in Empfang genommen und getröstet.

Seitdem habe ich ein gespaltenes Verhältnis

zu Wasser. Wenn es nicht gerade die Badewanne ist, plansche ich gerne im Wasser herum. Aber ich muß Grund unter den Pfoten habe. Richtig schwimmen ist vorläufig nicht mein Fall.

Es gab auch viele schöne Erlebnisse. So traf ich auf dem Hof meine Schwester Sheila. Sie gehört jetzt einer jungen Frau, die in der Nähe wohnt. Sheila hat mir viele tolle Sachen gezeigt. Auch ein Wassergraben war dabei, durch den man rennen konnte. Es war zwar ziemlich schlammig darin, aber das störte uns nicht. Nur mein Rudel war mal wieder entsetzt. Ich durfte nicht in die Wohnung, bis ich trocken war, und dann wurde ich erst einmal ausgebürstet, damit der trockene Schlamm aus meinem Fell verschwand. Das hat sich eigentlich nicht gelohnt, denn eine Stunde später war ich wieder im Graben. Dort habe ich eine dicke Kröte entdeckt. Die sah vielleicht komisch aus. Selbstverständlich habe ich sie auf Freßbarkeit untersucht und zunächst vorsichtig abgeleckt. Nun haben Hunde unterschiedliche Geschmäcker, doch mein Fall war die Kröte nicht. Ich hielt sie für ungenießbar und beschränkte mich darauf, sie kräftig anzubellen. Das jedoch interessierte das dumme Tier wenig. Ohne auch nur die geringste Angst vor mir zu zeigen, wanderte es langsam weiter. Ich hatte an diesem Tag wieder etwas gelernt und zwar, daß Kröten doof sind.

Urlaub ist schon eine tolle Sache. Ich war ein bißchen traurig, als wir wieder nach Hause fuhren. Martin wollte auch nicht zurück. So waren wir zwei Leidensgefährten. Nachher aber war dann alles gar nicht so schlimm. Zu Hause warteten schon die Nachbarskinder auf mich. Ich liebe Kinder aller Altersklassen. Man kann so schön mit ihnen spielen. Außerdem ist da noch Molly, die Nachbarkatze, mit der man sich unterhalten kann. Trotzdem hoffe ich, daß es bald wieder in den Urlaub geht.

***

Der siebte Monat

Mein Rudel ist sehr stolz auf mich. Dazu hat es auch allen Grund. Auf einem Spaziergang bin ich mit Martin ein Stück vorangelaufen. Da kam ein Spaniel aus dem Gebüsch. Er kläffte Martin an und war ausgesprochen böse. Uschi und Stefan waren zu weit weg, um helfen zu können. Also mußte ich einspringen. Ich kann es überhaupt nicht leiden, wenn mein bester Freund angegriffen wird, und Martin ist eben mein bester Freund. Wenn ich Kinder auch generell gerne mag, ist Martin doch etwas ganz Besonderes. Er gehört zu meinem Rudel und ist für mich so etwas wie ein Bruder, also ein Wurfgeschwister. Da die Natur ihn aber leider mit, nach meiner Ansicht, völlig degenerierten und unbrauchbaren Zähnen ausgestattet hat, die ihm kaum eine erfolgreiche Verteidigung ermöglichen, ist er manchmal auf meine Hilfe angewiesen. Ohne weiter nachzudenken stellte ich mich zwischen Martin und den fremden Hund, zog die Lefzen hoch, was ich sonst nie tue, und machte mich möglichst groß. Das hatte eine tolle Wirkung. Der Spaniel senkte den Kopf und schaute weg. Eine Weile stand er still da, dann trollte er sich davon. Ja, ich bin ein mutiger Hund und kann mein Rudel schon gut beschützen. Natürlich wurde ich gelobt, und das ist viel besser, als ausgeschimpft zu werden.

Vor ein paar Tagen hatte ich meinen ersten Jagderfolg. An der Terrassenmauer krabbelte ein Schneider entlang. Ich sah ihm ein Weilchen interessiert zu. Dann ging ich hin und verfolgte ihn mit der Nase. Als das zu langweilig wurde, griff ich mit den Zähnen nach ihm. Zuerst entwischte er mir mehrmals. Doch dann hatte ich ihn endlich und schleppte ihn stolz zu meinem Rudel. In der Annahme, gelobt zu werden, spuckte ich Uschi die Beute vor die Füße. Sie ließ allerdings nur ein „Igitt" hören. Da sie mein Geschenk verschmähte, fraß ich es kurzerhand auf, was allgemeinen Ekel auslöste. Ich weiß gar nicht warum. So schlecht schmecken Schneider überhaupt nicht. Auch Ameisen sind äußerst schmackhafte kleine Gesellen. Sie toben draußen vor dem Haus immer zwischen den Pflastersteinen herum. Ich habe schon eine wirksame Methode entwickelt, sie zu jagen. Erst haue ich mit der Pfote darauf, dann fresse ich sie. Mein Rudel findet das unangenehm. Die Tierärztin hat da mehr Verständnis. Sie meint, Ameisen seien sehr nahrhaft. Nur rote Waldameisen darf ich nicht jagen. Dann gibt es Ärger, weil diese Tiere offiziell als geschützt gelten. Schade eigentlich. An den großen roten Waldameisen ist nämlich viel mehr dran als an den kleinen Krabblern vor unserem Haus.

Im Keller habe ich kürzlich eine Spinne erwischt. Die war nicht so lecker. Ich habe sie ein bißchen durchgekaut und schließlich auf den Boden gelegt. Daß ich Beute mache, heißt nicht, daß ich nicht genügend Futter bekomme. Nein, mein Napf wird regelmäßig mit schmackhaften Sachen gefüllt. Aber die liegen ganz ruhig und bewegen sich nicht mehr. Man kann sie fressen, doch der Jagdtrieb bleibt dabei auf der Strecke.

Beinahe verrückt bin ich am letzten Mittwoch geworden. Da sind wir durch den Wald gestrolcht. Plötzlich sah ich ein kleines braunes Tier mit einem buschigen Schwanz durch das Unterholz flitzen. Na, da bin ich vielleicht hinterher. Fast hätte ich es schon gehabt, da rannte es am Stamm einer alten Eiche hinauf. Natürlich wollte ich ihm folgen. Aber es ging nicht. Ich rutschte immer wieder auf dem glatten Stamm ab. Es wollte mir einfach nicht gelingen, auf den Baum zu klettern. Uschi erklärte mir, daß ich das nicht könnte, weil ich kein Eichhörnchen sei. Das wollte mir nicht in den Kopf. Warum kann ein so kleines Tier mehr als ich? Immerhin bin ich ein großer mutiger Hund. Ganz traurig habe ich in die Baumkrone geschaut. Da saß das Eichhörnchen, und ich glaube fest daran, daß es mich ausgelacht hat. Vielleicht lerne ich später noch, auf Bäume zu klettern. Wenn ich erst richtig erwachsen bin wird das schon gehen.

***

Der achte Monat

Fast drei Wochen mußte ich an der Leine gehen. Das fand ich entsetzlich und weiß gar nicht warum ich plötzlich nicht mehr frei herumlaufen durfte. Wenn wir unterwegs einen anderen Hund trafen, fragte mein Rudel die Besitzer stets, ob es ein Rüde sei. War es einer, durfte ich nicht mit ihm spielen. Dabei fand ich gerade jetzt die Jungs besonders interessant.

Sogar vor dem bösen Schäferhund von der Gärtnerei in der Nähe unseres Hauses hatte ich keine Angst mehr, obwohl ich mich sonst vor ihm fürchte und froh bin, daß er eingesperrt ist. Uschi und Stefan trösteten mich immer und sagten, daß die Läufigkeit bald vorbei sei.

Wir waren bei Verwandten auf einer Party. Die haben zwei Hunde, beides Hündinnen. Mit denen durfte ich im Garten spielen. Auch ein Rüde war unter den Gästen. Ich habe mich schon gefreut, mich mit ihm beschäftigen zu können. Doch er wurde in das Auto seiner Besitzer gesperrt. Da hat er dann die ganze Zeit über laut geheult. Er wollte zu mir. Ich weiß wirklich nicht, warum er das nicht durfte. Wir hätten eine Menge Spaß miteinander gehabt.

Nach drei Wochen kehrten wieder normale Verhältnisse ein. Die Leine trug mein Rudel herum, ohne mich dauernd daran festzumachen. Die Rüden weinten nicht mehr um mich, und ich hatte wieder Angst vor dem Schäferhund der Gärtnerei.

Seit zwei Wochen haben wir einen neuen Hund in unserer Siedlung. Speedy heißt er und ist ein irischer Setter. Gerade zehn Wochen ist er jetzt alt. Wir treffen uns oft draußen, und dann ist sofort eine Toberei im Gange. Speedy ist noch viel kleiner als ich. Trotzdem verstehen wir uns prima. Stefan sagte, daß er eines Tages noch größer sein wird als ich. Der hat ja keine Ahnung. Ich wachse schließlich auch noch. Wie will Speedy mich da einholen? Manchmal glaube ich, Stefan will nicht, daß ich noch größer werde. Er schaut mich immer prüfend an und seufzt über meine stattliche Statur. Doch ich weiß ganz genau, wie gern er mich hat, ganz egal, wieviel ich noch wachsen werde.

Die Dummheiten, die ich jetzt noch mache, halten sich in Grenzen, sagt Uschi. Dabei mache ich überhaupt keine Dummheiten mehr. Wirklich nicht. Was ist denn schon dabei, wenn ich die Treppenstufen mal annage? Das stärkt doch nur meine Zähne.

Uschi hat mir wieder einen riesigen Kalbsknochen gekauft, damit ich die Treppe in Ruhe lasse. Ich gebe ja zu, daß der Knochen viel besser ist. Allein geschmacklich läßt er sich nicht mit den Stufen vergleichen. Doch so ein großer Knochen bringt auch Probleme mit sich. Wenn man satt ist, kann man ihn nicht einfach herumliegen lassen. Sonst liefe man Gefahr, daß ein anderes Mitglied des Rudels sich daran gütlich täte. Ich sah jedenfalls nur einen Ausweg. Der Knochen, an dem noch eine Menge Fleisch hing, mußte versteckt werden.

Zuerst habe ich ihn durch den Garten geschleppt, aber kein geeignetes Versteck gefunden. Anschließend durchstreifte ich das Haus. Da kam mir eine geniale Idee. Stefans Bett war der ideale

Aufbewahrungsort. Da geht er nämlich abends immer rein und schläft meist sofort. Es bleibt ihm also keine Zeit, sich um meinen Knochen zu kümmern. Außerdem würde er ihn gar nicht finden. Menschen haben ein katastrophal schlechtes Riechorgan und finden nur, was sie mit den Augen entdecken können. Also schob ich den Knochen unter die Bettdecke, knuffte sie von allen Seiten zusammen, bis ein hübscher Berg entstanden war und betrachtete mein Werk. Ins Bett klettern darf ich nicht. Zum Glück bin ich jetzt so groß, daß ich auch vom Boden aus die Bettdecke gut erreichen kann. Beruhigt, dieses gute Versteck gefunden zu haben, trottete ich davon. Wenig später hörte ich jedoch, wie Uschi im Schlafzimmer fragte, wer das Bett so unordentlich gemacht hatte. Dann hörte ich ein Poltern und einen Aufschrei. Sie hatte die Bettdecke aufschütteln wollen. Dabei war der schöne große Knochen herausgeschleudert worden und ihr direkt auf die Füße gefallen. Uschi hat nämlich nie Hausschuhe an. Als ich hinaufkam, um nachzusehen, tanzte sie auf einem Bein durch das Zimmer und hielt sich mit der Hand den anderen Fuß.

Ärgerlich schaute sie mich an. „Was hast du da nur wieder angestellt?", wollte sie wissen. „Kannst du deine Beute nicht woanders verstekken?" Ich war mir wirklich keiner Schuld bewußt. Angestellt hatte ich überhaupt nichts. Nur ein Versteck für meinen Knochen hatte ich gesucht, und woanders konnte ich ihn nicht verstecken. Das mußte Uschi doch einsehen. Offensichtlich tat sie das nicht. Jedenfalls trug sie den Knochen in die Küche, legte ihn neben meinen Futternapf und sagte, daß er dort bleiben sollte. Das gefiel mir nicht. Da lag das gute Stück nun, für jeden riechbar und gut zu sehen. Es blieb mir keine andere Wahl, als meinen Kalbsknochen zu bewachen, bis ich wieder Hunger hatte und weiterfuttern konnte. Naja, man hat es eben nicht leicht.

***

Der neunte Monat

Ich habe ein neues Hobby, Löcher buddeln. Im Garten kann man unter den Sträuchern herrlich graben. Nur mein Rudel sieht das wieder einmal nicht so gerne. Stefan hat schon behauptet, daß ich aus dem Garten einen Golfplatz mit achtzehn Löchern mache. Ich weiß nicht was ein Golfplatz ist. Aber mit so vielen Löchern muß es etwas Schönes sein. Ob die wohl alle von Hunden gebuddelt worden sind? Wie auch immer, mir wurde das Buddeln jedenfalls verboten. Das heißt, nicht überall. Der Sandkasten, in dem Martin schon lange nicht mehr spielt, wurde für mich und meine Aktivitäten freigegeben. Das ist wenigstens ein Lichtblick. Dort vergrabe ich alles. Mein Spielzeug, frisch gefangene Schmetterlinge, Hölzchen und hin und wieder auch einen Kugelschreiber oder ein Feuerzeug, nachdem diese Sachen mit nur wenig Nachhilfe vom Tisch gefallen sind. Leider vergesse ich oft, daß ich all diese Sachen eingebuddelt habe. Wenn ich dann traurig vor meinem fast leeren Spielzeugkorb stehe, hilft Uschi mir, greift zum Spaten und holt alle Schätze aus dem Sandkasten wieder hervor. Das kann sie gut. Trotzdem helfe ich ihr dabei. Zu zweit ist das Graben auch viel schöner. Außerdem finden wir manchmal die tollsten Sachen. Vorgestern kam eins von Uschis Halstüchern zum Vorschein. Früher war es hellgrün gewesen, jetzt hatte es sich in ein schokoladenbraunes Tuch verwandelt. Wenig später tauchte ein Gummipinguin auf. Seltsam, so einen Vogel habe ich noch nie besessen und konnte mich auch nicht erinnern, ihn verbuddelt zu haben. Uschi kam dieser Pinguin ebenfalls fremd vor. Nach eingehender Prüfung stellte sie fest, daß das Gummitier an der Unterseite mit dem Namen unserer gefleckten Nachbarshündin beschriftet war. Deshalb hatte der Sand also so deutlich nach meiner Freundin gerochen. Ihr Duft war mir schon die ganze Zeit aufgefallen. Sie benutzte meine Schatzgrube also auch, um ihre Beute zu verstecken. Leider durfte ich den Pinguin nicht behalten. Uschi brachte ihn noch am selben Tag zu unseren Nachbarn zurück.

Zu Anfang dieses Monats gab es Unruhe im Haus. Die Koffer wurden hervorgeholt und gepackt. Dann standen sie nachts neben dem Sofa im Schlafzimmer. Ich ahnte schon, daß es am nächsten Tag in den Urlaub ging. Aus Angst, daß ich vergessen werden könnte, schlief ich dicht bei den Koffern. Mein Rudel vergaß mich nicht und verfrachtete am nächsten Tag sogar meinen Korb ins Auto. Dann ging es los. Als wir am Ziel waren, war ich sehr erstaunt. Soviel Wasser hatte ich nie zuvor gesehen. Martin erklärte mir, daß es das Meer sei. Sofort tapste ich hinein in dieses Meer und probierte von dem Wasser. Der Geschmack war widerlich. Aber die Wellen fand ich lustig. Außerdem gab es am Ufer jede Menge Sand, in dem ich ungehindert buddeln konnte. Martins Sandkasten war winzig dagegen. Als wir am nächsten Tag wieder ans Meer kamen, war es verschwunden, einfach weg. Ich fragte mich, ob es wohl Angst vor mir hatte und deshalb weggelaufen war. Aber so groß kann die Angst nicht gewesen sein. Nach ein paar Stunden war es wieder da. Ganz langsam kam es auf uns zu.

Am Meer war es herrlich. Was es dort alle zu verbuddeln gab. Muscheln, Steinchen, Cremedosen und herumliegende Badeanzüge anderer Strandbesucher. Manchmal buddelten die Gäste nach einer gewissen Zeit auch mit. Aber sobald sie ihre Badeanzüge gefunden hatten, hörten sie schon wieder auf mit dem herrlichen Spiel. Am Wasserrand gab es viele Vögel. Möwen nennt man die. Manchmal lassen sie sich jagen. Man muß sich nur vorsichtig genug anschleichen und dann losrennen. Leider können diese Viecher fliegen und sind dann schnell weg. Fliegen habe ich noch nicht gelernt und kann ihnen nicht folgen. Das macht nichts. Fangen will ich sie ja schließlich nicht, nur ein bißchen Spaß machen. Der Urlaub hat mir gut gefallen. Als wir wieder zu Hause waren, habe ich noch oft vom Strand geträumt und im Schlaf große Löcher in den Sand gebuddelt.

***

Der zehnte Monat

Nun bin ich fast erwachsen. Meine Schulterhöhe beträgt fünfzig Zentimeter und mein Gewicht etwa zwanzig Kilo. Ich bin ein ziemlich schlanker Hund.

Uschi meinte, daß ich nun vernünftig genug für den Wollteppich sei und holte ihn wieder aus dem Schrank hervor. Die Fransen interessierten mich noch immer. Aber mein Rudel paßte gut auf. Wenn meine Zähne den Fransen zu nahe kamen, wurde ich sofort getadelt. Also ließ ich es bleiben. Aber es gibt da noch ein anderes schönes Teppichspiel. Mit der Nase kann man die vier Ecken hochklappen und den Teppich anschließend zu einem großen Wollturm zusammenschieben. Das macht auch Spaß, und ich benutze die Zähne dabei kein bißchen. Leider zieht Uschi den Wollturm immer wieder zu einem schönen glatten Teppich auseinander.

Ich kenne jetzt alle meine Kommandos und höre fast immer darauf. Natürlich erwarte ich dann ein Lob, das ich auch immer bekomme. Es ist schön, gelobt zu werden, und es ist schön, ein gutes Rudel zu haben, bei dem man sich sogar bei Gewitter sicher und geborgen fühlt.

Ein paar Häuser weiter wohnt eine kleine braune Hündin. Sie ist zwar zwei Jahre älter als ich, lebt aber erst seit kurzer Zeit hier. Ihr Name ist ebenfalls Conny. Aber sie ist ganz anders als ich, richtig fies und streitsüchtig. Wenn sie mich sieht, rennt sie mir hinterher und kneift mir in die Hinterbeine. Das tut weh! Anfangs bin ich nur jaulend weggelaufen. Jetzt wurde es mir zu dumm. Als sie mich wieder einmal kneifen wollte, habe ich mich blitzschnell umgedreht und sie bedroht. Meine Zähne lagen ganz frei und ich sah bestimmt sehr gefährlich aus. Ganz dicht hielt ich meinen Kopf über ihre Augen.

Das begriff Conny und schlich davon. Ich lief ihr nicht nach. So hinterhältig bin ich nicht. Außerdem ist sie nicht einmal halb so groß wie ich. Ein Kampf wäre lächerlich. Aber vielleicht hat sie nun endlich verstanden, daß ich nichts mit ihr zu tun haben will.

Zu meinem Erstaunen mußte ich feststellen, daß Stefan recht gehabt hat. Speedy ist jetzt so groß wie ich, und er wächst noch einige Monate. Aber er ist ein lieber Kerl, und wir toben zusammen, bis wir völlig erschöpft ins Gras fallen. Unsere unmittelbaren Nachbarn auf der linken Seite unseres Hauses hatten auch einmal einen Hund. Er ist nur fünf Jahre alt geworden und dann an einer schlimmen Krankheit gestorben. Darüber sind die Nachbarn so traurig gewesen, daß sie keinen neuen Hund mehr haben wollten. Der würde ja irgendwann eines Tages auch einmal sterben müssen, und noch einmal wollten sie diese schreckliche Trauer nicht erleben.

Nun bin ich für sie ein Ersatzhund. Über den Gartenzaun stecken sie mir oft Hundekuchen oder Fleischstücke zu. Wenn sie gerade mal nichts haben, streicheln sie mich wenigstens, sobald ich mich am Zaun aufrichte. Wenn sie auf der Terrasse grillen, bin ich bei ihnen zu Gast. Dabei muß ich mich ganz leise zu Hause wegschleichen. Eigentlich darf ich nämlich nicht über den Zaun zu den Nachbarn springen. Das will mein Rudel nicht. Gut, das akzeptiere ich ja. Aber wenn der Grillgeruch so herrlich zu uns herüberzieht, was soll ich denn da machen? Die Versuchung ist zu groß. Außerdem sind die Nachbarn nett und freuen sich, wenn ich sie besuchen komme. Es ist doch nicht schlimm, jemandem eine Freude zu machen. Ansonsten bin ich ja auch ganz vernünftig geworden, und eine kleine Schwäche darf jeder haben, auch ein Hund. Richtig böse ist mein Rudel mir auch nicht, wenn ich einen Nachbarschaftsbesuch antrete.

Ach ja, das Leben ist schön. Daß es für mich besonders schön ist, habe ich vor ein paar Tagen gemerkt. Da ist Uschi ins Tierheim gefahren und hat Eier gekauft. Diesmal durfte ich wieder mit ins Haus gehen. Sonst habe ich meist im Auto gewartet. Irgendwie roch es eigenartig in diesem Tierheim. Dann habe ich Hunde hinter Gitterzäunen gesehen. Sie hatten kein Rudel mehr und waren ganz allein. Das stelle ich mir ziemlich schrecklich vor. Diese armen Kollegen taten mir leid. Ich glaube, jetzt begreife ich auch, warum viele Menschen so traurig werden, wenn sie über

Tierheime reden. Ihnen tun all die vielen heimatlosen Vierbeiner auch leid, und sie sind unglücklich, weil sie nicht allen helfen können. Ich bin nur froh, daß ich es besser habe. Ein richtiges Rudel ist Gold wert.

***

Der elfte Monat

Stefan rollte entsetzt mit den Augen, als er mir mit dem Maßband auf die Pelle rückte. Ich bin wieder einen Zentimeter gewachsen. Uschi meinte, daß ich mit dem Wachsen von allein aufhören würde, wenn ich die Größe eines Ponys erreicht habe. Stefan war von der Vorstellung eines Hundeponys nicht begeistert. Ihn tröstet nur, daß ich mit Sicherheit nicht so groß werde wie der Boxerrüde von gegenüber. Dieser Riesenkerl ist wirklich ein Brocken und wiegt fast einen Zentner.

Ich habe mich zu einem guten Wachhund entwickelt. Wenn ich einmal allein im Auto bleiben muß, weil meine Familie einkauft, bewache ich das Fahrzeug. Das gilt allerdings nur für Erwachsene, die sich nähern. Die belle ich wütend an. Beißen würde ich sie nie. Aber das wissen sie ja nicht. Wenn jedoch Kinder auf das Auto zukommen, wedele ich freundlich mit dem Schwanz. Kinder sind tolle Spielkameraden. Man darf ihnen keine Angst einjagen. Es stört mich auch nicht, wenn sie an die Scheibe klopfen.

Zu Hause ist es ähnlich. Manchmal kommen Kinder aus der Nachbarschaft. Meistens wollen sie mit Martin spielen. Doch mich begrüßen sie immer zuerst. Schon an der Haustür werfe ich mich auf den Rücken und lasse mir von ihnen das Fell kraulen. Aber wehe, wenn fremde Erwachsene kommen. Die werden von mir verbellt. Leider hat fast niemand von ihnen Angst vor mir. Vorsichtshalber wedele ich beim Bellen nämlich mit dem Schwanz, damit sie mich nicht beißen.

Kinder würden das sowieso nicht tun. Die sind immer lieb zu mir. Eigentlich ist es schade, daß die Welt nicht nur aus Kindern besteht. Das wäre viel schöner. In meinem Wertdenken stehen saftige große Kalbsknochen an erster Stelle. Aber direkt danach kommen die Kinder, diese herrlich unkomplizierten, liebenswerten und einfühlsamen Geschöpfe. Ich erinnere mich noch daran, wie ich Martin vor dem bösen Spaniel beschützt habe. Jetzt bin ich von Uschi vor den Zähnen eines bösen Schäferhundes gerettet worden. Wir waren unterwegs auf einer Wanderung und gingen über eine große Wiese, an die ein Wald grenzt. Natürlich bin ich wieder vorgelaufen und habe nach Mäusefährten gesucht. Damit war ich so beschäftigt, daß ich den Schäferhund nicht sah, der aus dem Wald kam. Erst als dessen Besitzer schrie und pfiff, wurde ich aufmerksam. Der riesige graue Hund hörte nicht auf die Pfiffe. Mit gesenktem Kopf, aufgestelltem Nackenhaar, tief gestelltem Schwanz und krauser Nase raste er auf mich zu. Ich bekam eine Todesangst und wußte, daß er mich mit Haut und Haaren verspeisen würde. Noch nie in meinem Leben bin ich so schnell gelaufen. Ich rannte zurück, vorbei an Uschi und weiter in Richtung Parkplatz, wo unser Auto stand. Dort wollte ich mich verstecken. Im Auto würde ich vor dem Angreifer sicher sein. Das war mir trotz meiner Panik bewußt. Daß der Schäferhund in jedem Fall schneller sein würde als ich, war mir in dem Moment nicht klar. Aber er kriegte mich trotzdem nicht. Uschi versperrte ihm den Weg, ging in die Hocke und ließ ihn voll auflaufen. Beide fielen bei dem Zusammenprall um. Ich hörte nur ein Aufjaulen hinter mir und Uschis wütendes Schimpfen. Sie machte den Hund so richtig zur Schnecke, brüllte ihn an und schickte ihn weg. Er schlich dann auch mit eingekniffenem Schwanz zu seinem Besitzer, der ihn sofort anleinte. Uschi kam zu mir, tröstete mich und ließ mich ins Auto steigen. Ich habe noch eine ganze Weile gezittert, weil mir der Schreck in allen Knochen steckte. Dann legte ich Uschi meinen Kopf auf die Schulter und bedankte mich bei ihr. Sie hatte einen großen blauen Fleck am Oberarm, der von dem Zusammenprall mit dem schweren Schäferhund stammte, der sie mit voller Kraft getroffen hatte. Manchmal lebt man als junger Hund ausgesprochen gefährlich. Wie gut, daß man da sicher sein kann, den Schutz des Rudels und eine kräftige, mutige Rudelführerin zu haben.

Inzwischen habe ich mir vollständig abgewöhnt, Möbel, Teppiche und Tapeten anzunagen. Das gibt ja doch nur Ärger. Außerdem gibt es andere Dinge, an denen ich mich erfreuen kann. Den Staubsauger kann man zum Beispiel prima anbellen, wenn er über den Teppich fährt. Und an Aufnehmern läßt sich herrlich zerren, wenn gerade geputzt wird. Besonderen Spaß habe ich, wenn der Weg vor dem Haus gefegt wird. Dann schnappe ich nach den schönen roten Borsten und ziehe Uschi den Besen manchmal ganz aus den Händen. Zuerst zeigt sie sich noch geduldig und versucht den Besen so zu drehen und zu wenden, daß er meinen Zähnen entkommt. Aber dann verbietet sie mir das Spiel. Wenn ich ihr keine Ruhe lasse, muß ich im Haus auf sie warten bis sie fertig ist. Das finde ich schade, denn mit diesem Spiel könnte ich mich den ganzen Tag lang beschäftigen.

***

Der zwölfte Monat

Manchmal hat mein Rudel seltsame Ideen. Unser Tierheim veranstaltet alle zwei Jahre eine große Mischlingsausstellung. Da soll der schönste Mischlingshund der ganzen Stadt gekürt werden. Uschi und Stefan sind nicht besonders scharf auf diese Urkunde und den Pokal. Für sie bin ich sowieso der schönste und beste Hund. Trotzdem haben sie mich zum Spaß angemeldet. Meine Daten wurden eingetragen und meine Impfzeugnisse notiert. Dann bekam ich die Laufnummer 50. Insgesamt nahmen über siebzig Hunde teil. Auf dem Gelände herrschte ein großes Durcheinander von Hunden aller Größenordnungen. Ein paar davon waren richtig rauflustig. Andere verhielten sich ganz still, und einige waren freundlich und spielbereit.

Als meine Gruppe aufgerufen wurde, ging Martin mit mir in den Führring. Ich hatte ein bißchen Angst, denn hinter mir lief eine ausgesprochen große braune Hündin. Eigentlich war ich die kleinste in dieser Abteilung. Die beiden Richter schauten immer von mir zu einer schwarzen kraushaarigen Hündin. Dann stellten sie den beiden Führern Fragen nach dem Alter des Hundes usw. - Am Ende entschieden sie sich dann doch für die schwarze Hündin. Ich bekam jedoch eine Urkunde und ein Probierpaket mit allen möglichen Futtersorten. Dieses Paket war das Interessanteste an der ganzen Vorführung. Zu Hause durfte ich gleich davon naschen. Leckere Kaustreifen waren dabei und Knabberstangen aus Trockenfleisch. Mir persönlich war auf der Ausstellung ein bißchen zuviel los. Ich war ganz froh, als wir zu Hause waren. Uschi versprach mir, daß wir im nächsten Jahr nicht mehr an dem Wettbewerb teilnehmen würden. Sie nahm meinen Kopf in ihre Hände, kraulte meine Ohren und redete mit mir.

„Weißt du, und wenn tausend Hunde dort teilnehmen und alle außer dir einen Pokal gewinnen würden, könnte uns das nicht beeindrucken. Du bist für uns der allerbeste Hund auf dieser Welt. Einen besseren gibt es für uns nicht." Ach, es ist schön, so geliebt zu werden!

Im Garten habe ich in diesem Monat eine tolle Sache entdeckt. Unter einem Strauch, an dessen Zweigen ich immer gerne genagt habe, lagen plötzlich lauter kleine harte Kügelchen mit Hütchen oben drauf. Mein Rudel nannte diese Dinger Haselnüsse. Mir war egal, wie die Kugeln hießen. Ich legte sie zwischen meine Zähne und knackte sie auf. Innen stieß ich auf einen Kern. Der ist ungenießbar. Aber die knackige Hülle schmeckt köstlich. Uschi und Stefan schüttelten die Köpfe. Sie machen die Kugeln nämlich auf, essen den Kern und werfen das Beste, die Hülle, fort. Entweder haben die Menschen einen schlechten Geschmack, oder es liegt einfach an ihren schlechten Zähnen, mit denen sie die köstliche Hülle nicht bewältigen können.

Ich möchte kein Mensch sein. Es wäre schlimm, wenn ich nichts mehr riechen könnte und Zähne in meinem Maul hätte, die aber auch wirklich zu gar nichts zu gebrauchen sind. Es wundert mich manchmal, daß die Menschen trotz dieser schlimmen Behinderung so fröhlich und munter sind. Nur in einem einzigen Punkt sind ihre Zähne besser als meine. Das habe ich gemerkt, als eine alte Tante zu Besuch war und bei uns übernachtet hat. Die konnte ihre Beißerchen aus dem Mund herausnehmen. Das fand ich sehr lustig. Die Zähne sahen toll aus, wie sie da so in einem Wasserglas lagen. Doch ich glaube, mein Rudel kann nicht einmal das. Jedenfalls habe ich noch nie beobachtet, daß Uschi oder Stefan ihre Zähne ausgezogen haben. Vielleicht wissen sie auch nur noch nicht wie das geht.

Vor ein paar Wochen war mir schon aufgefallen, daß es draußen jetzt ganz anders aussieht als sonst. Die Blätter an den Bäumen waren bunt geworden. Einige fielen auch ab und trieben mit dem Wind davon. Man konnte sie herrlich jagen. Irgendwie hatte ich das Gefühl, daß ich das schon einmal erlebt habe. Aber da bin ich noch ganz klein gewesen und die Blätter waren viel trockener und brauner als jetzt. Damals bin ich immer über meine eigenen Beine gestolpert, wenn ich Blätter erhaschen wollte. Gekriegt habe ich nie eins. Jetzt bereitet mir das keine Schwierigkeiten mehr. Uschi hat mir erzählt, daß ich nun bald ein Jahr alt werde, und daß wir wieder in Urlaub fahren wollen. Mein erster Geburtstag soll auf dem Hof gefeiert werden, auf dem ich auf die Welt gekommen bin. Natürlich fragte ich mich gleich, ob es dann ein kaltes Buffet geben würde wie bei Stefans Geburtstag. Das wäre toll. Bei meinem eigenen ersten Geburtstag würde ich bestimmt auch von dem Buffet futtern dürfen. Aber leider verriet Uschi mir nichts darüber. Vielleicht will sie mich damit überraschen, dachte ich mir und nahm mir vor, auch ganz überrascht zu tun, wenn ich auf all die Köstlichkeiten losgelassen würde.

Gespannt wartete ich auf die Abreise und meine große Feier. Jeden Tag schaute ich nach den Koffern in der Abstellkammer. Wenn wir verreisen wollten, mußten sie bald gepackt werden. Doch niemand schien daran Interesse zu haben. Unbeachtet standen die Koffer herum. Dann geschah etwas Erstaunliches. Die Oma kam und brachte einen Koffer mit. Der war aber auch leer. Sie redete etwas von einem Geburtstag, der bald sein sollte. Aber es war nicht meiner, sondern

Uschis. Oma wollte in Urlaub fahren und hatte das Geschenk schon vorher gebracht. Der leere Koffer war also ein Geschenk für Uschi. Schade, daß ich meine Geschenke nicht auch schon vor meinem Geburtstag bekomme. Das wäre lustig. Allerdings kann ich mit einem Koffer nichts anfangen, außer, wenn viel Fleisch darin ist.

Gespannt wartete ich nun auf Uschis Geburtstagsfeier und das Buffet. Aber es kam keines. Statt dessen wurden die Koffer, auch der neue, gepackt. Ich schaute zu, wie auch meine Bürste, meine Futterdosen und mein Spielzeug in den Koffer gelegt wurden und wartete darauf, daß Stefan alle Sachen ins Auto packen würde. Das tat er aber nicht. Wir blieben zu Hause mit den fertig eingepackten Koffern. Also, das verstand ich nicht. Erst am nächsten Morgen begriff ich es. Da hat mein Rudel nämlich alles im Auto verstaut. Auch ich durfte einsteigen, und dann ging es los.

Urlaub ist eine tolle Sache, besonders, wenn man im Urlaub auch noch Geburtstag hat. Vielleicht feiern Uschi und ich ja zusammen. Dann gibt es ganz bestimmt ein Doppelbuffet, dachte ich mir.

Zunächst habe ich die Ferien und das Wiedersehen mit meinen Eltern so richtig genossen. Mein Vater Enno wollte jedoch nicht viel von mir wissen. Naja, Väter sind manchmal seltsam. Aber meine Mutter Rieke freute sich dafür ganz besonders über mein Erscheinen. Sie hat mich überall herumgeführt und mir auch schöne breite Gräben gezeigt, die mit braunem Schlamm gefüllt waren. Wenn man dort hineinkletterte und losgaloppierte, spritzte es lustig nach allen Seiten. Allerdings hatte die Sache einen Nachteil. Anschließend stellte Uschi mich jedesmal unter die Dusche und spritzte mein Fell ab. Das kann ich überhaupt nicht leiden. Wasser macht Spaß, wenn man darin planschen kann, aber nicht, wenn es von oben kommt.

Das Buffet, auf das ich mich so gefreut hatte, blieb zu meiner großen Enttäuschung aus. Trotzdem verlief mein Geburtstag eigentlich recht schön. Zuerst wußte ich ja gar nicht, daß ich an diesem Tag Geburtstag hatte. Morgens wachte ich auf und machte meine Morgengymnastik. Das heißt, ich streckte und räkelte mich, gähnte dabei herzhaft und schüttelte mein Fell. Anschließend wanderte ich zu Uschis Bett. Sie schlief noch, aber nicht mehr lange. Nachdem ich ihr meine kalte nasse Nase ins Gesicht gedrückt hatte, schlug sie die Augen auf und kraulte mir den Hals. „Hallo, Geburtstagskind", sagte sie und lächelte mich an. Dann stand sie auf und ging zum Kühlschrank. Es ist immer aufregend, wenn jemand von meinem Rudel den Kühlschrank öffnet. Manchmal fällt dann nämlich auch etwas für mich ab. An diesem Tag wartete eine besondere Überraschung auf mich. Uschi reichte mir eine dicke Fleischwurst als Geburtstagsgeschenk. Die durfte ich ganz allein verspeisen. Das war genauso schön wie ein Buffet.

Nachdem auch mein Rudel gefrühstückt hatte, ging es in den Wald. Wir machten eine sehr lange Wanderung, auf der ich mich so richtig austoben konnte. Später bekamen auch meine Eltern Geschenke, weil ich ohne sie ja gar nicht auf der Welt wäre. Stefan und Uschi hatten einen großen Korb mit vielen Leckerbissen gepackt. Ach ja,

Geburtstag ist eine feine Sache.

Nachmittags wurde es richtig feierlich. Meine Rudelmitglieder bekamen ganz glänzende Augen, als wir alle beisammensaßen und sie über die vielen kleinen Erlebnisse aus meinem ersten Lebensjahr sprachen.

Natürlich machte ich mir auch meine Gedanken um mein Dasein und zog Bilanz. Ein ganzes Jahr war es nun her, seit ich blind, taub und ziemlich winzig auf diesem Bauernhof geboren wurde. Damals hatte ich nicht einmal Zähne. Das kann ich mir jetzt kaum noch vorstellen. Heute ist mein Gebiß kräftig und strahlend weiß. Auch bin ich mit meinen über fünfzig Zentimetern Schulterhöhe eine stattliche Erscheinung geworden. Es gab zahlreiche Dinge, die ich lernen mußte. Einige habe ich ziemlich schnell kapiert, bei anderen dauerte es etwas länger bis ich begriffen hatte, was von mir erwartet wurde. Aber am Ende klappte es immer.

Eigentlich kann ich ganz zufrieden sein. Ich habe ein Rudel gefunden, das mich so akzeptiert, wie ich nun einmal bin. Daß ich mich an gewisse

Regeln halten muß, stört mich nicht weiter. Ich habe meinen gemütlichen Schlafplatz, bekomme regelmäßig mein Futter und meinen Auslauf und, was das Wichtigste in einem Hundeleben ist, ich spüre jeden Tag, daß ich geliebt werde. Was kann ein Hund sich noch mehr wünschen?

Vielleicht ein richtiges Rudel? Naja, irgendwie habe ich das doch. Die anderen Mitglieder sind zwar ausnahmslos zweibeinig und mitunter wegen ihrer funktionsunfähigen Nasen und Zähne ein bißchen behindert. Aber trotzdem sind wir alle zusammen ein Rudel, das nichts und niemand auf dieser Welt jemals wieder trennen kann. Zusammen werden wir noch viele wundervolle Dinge und aufregende Abenteuer erleben. Das weiß ich ganz genau.

-E N D E-

www.ingramcontent.com/pod-product-compliance
Lightning Source LLC
LaVergne TN
LVHW051951060526
838201LV00059B/3602